高中历史教学方法探索与实践

郑国有 徐 超 王 健◎著

吉林文史出版社

图书在版编目（CIP）数据

高中历史教学方法探索与实践 / 郑国有，徐超，王
健著. -- 长春：吉林文史出版社，2022.7
ISBN 978-7-5472-8590-9

Ⅰ．①高… Ⅱ．①郑… ②徐… ③王… Ⅲ．①中学历
史课－教学法－研究－高中 Ⅳ．①G633.512

中国版本图书馆 CIP 数据核字(2022)第 123490 号

GAOZHONG LISHI JIAOXUE FANGFA TANSUO YU SHIJIAN

书　　名 高中历史教学方法探索与实践
作　　者 郑国有　徐　超　王　健
责任编辑 马铭烩
出版发行 吉林文史出版社有限责任公司
地　　址 长春市福祉大路 5788 号
印　　刷 三河市华晨印务有限公司
开　　本 185mm×260mm 1/16
印　　张 10.75
字　　数 244 千字
版　　次 2023 年 6 月第 1 版　2023 年 6 月第 1 次印刷
定　　价 52.00 元
I S B N　978-7-5472-8590-9

前　言

随着教育改革的不断深入，传统的高中历史教学方法已难以满足现今的教学要求，因此教师必须转变传统教学思想，秉着以生为本的重要理念，设计适合学生、学科及课堂的教学方法，这样才能够保证高中历史教学方法的有效性。高中历史教学的方法，应当既满足教学要求，同时还可以凸显出学生的主体性，在激发学生学习兴趣的同时，使其体会历史学科的奥妙，提升课堂教学效果，促进学生的全面发展。

《高中历史教学方法探索与实践》一书在内容编排上共设置六章：第一章作为本书论述的基础和前提，主要阐释高中历史教学理论、高中历史教学的现实意义、新课标下高中历史教学的有效性；第二章是高中历史教学的内容体系，内容涵盖高中历史教学的导入方式、高中历史教学的提问策略、高中历史教学的时空观念、高中历史教学的核心素养；第三、四、五章分别对高中历史课堂的常用教学方法、高中历史教材专题内容的教学方法、基于网络时代下的高中历史教学方法进行论述；第六章突出实践性，对高中历史教学方法的应用实践进行研究。

全书结构科学，论述清晰，力求做到理论与实践相结合，让读者在学习基本方法和理论的同时，注重实践探索，不断寻找新方法，从而为高中历史教学注入新的能量，帮助学生茁壮成长。

笔者在撰写本书的过程中，得到了许多专家学者的帮助和指导，在此表示诚挚的谢意。由于笔者水平有限，加之时间仓促，书中所涉及的内容难免有疏漏之处，希望各位读者多提宝贵意见，以便笔者进一步修改，使之更加完善。

目　录

第一章 高中历史教学的基础知识

第一节 高中历史教学概述

"高中历史教学不同于其他学科，高中历史的教学很多时候应当立足于在高中历史教学的学科特点上来进行，依据高中历史教学的教学特点，进行其教学方法的研究是能够更好地促进高中历史教学的"。①

一、高中历史教学的特征

第一，高中历史知识以记忆和背诵为主要特点。一定程度上而言，历史教学就是让学生能够更好地理解和掌握著名的历史事件及其对于后世的典型影响和意义，这就要求高中阶段的历史教师们如何教授学生记忆和背诵知识，在这样的基础上，学生才能更好地理解历史事件的重要影响，以及对于后世发展的重要意义。高中历史课本上的很多知识点具有一定的关联性，而这种关联性恰恰是学生记忆和背诵的基础。只有充分认识高中历史知识与记忆和背诵的主要特点，才能更清晰地认识高中历史教学的基本着力点。

第二，高中历史教学侧重于深化学生对知识点的理解和把握。历史教学实际上也要求学生对历史知识进行理解和把握，因为只有学生真正地理解历史事件的重要意义和典型影响，学生才能够对此展开有意义的思考。从这个角度而言，高中历史教学必须侧重于让学生深刻地理解知识的来龙去脉，并在这样的过程中建立自己的历史观。很多时候学生学习历史的效率较低，甚至对于历史感到乏味，就是因为学生不能很好地理解历史知识的背后因素。

第三，高中历史教学要充分地发挥教师的关键作用。在高中历史教学中，教师如何引导和打造课堂秩序关系着历史教学的质量和水平。教师要综合和全面利用各种教学策略和

---

① 褚文平：《浅析高中历史教学的特点与方法》，载《中学课程辅导（教师通讯）》2018年第1页，第92页。

教学方法，来营造有利于学生学习知识的课堂氛围，这样才能够真正地让学生在一种有效的课堂氛围中进行学习。需要注意的是，为了做到更加均衡化的历史教学，教师必须能够充分了解每个学生学习知识的特点和认知规律，这样教师才能够进行有针对性的教学。

二、高中历史教学理念的转变

高中历史不仅能够让学生掌握丰富的人文知识，感受到中华文化的源远流长；还能够通过各种生动鲜活的历史典故，培养为人处世的经典智慧。高中历史文化底蕴和文化涵养的深刻体现，如何通过历史教学，培养学生历史使命感和社会责任感，是新课改下高中历史教学的重要目标。新课改下高中历史教学理念的转变如图1-1所示。

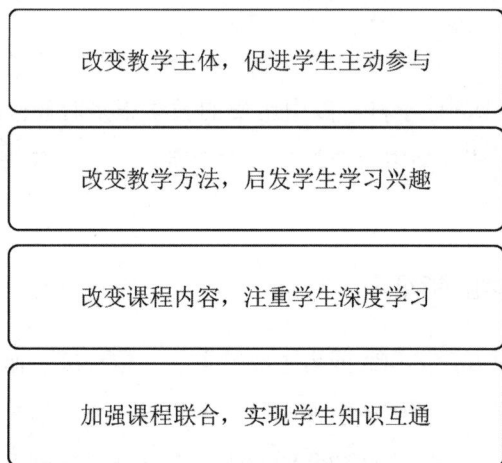

```
┌─────────────────────────────────────────┐
│   改变教学主体，促进学生主动参与            │
└─────────────────────────────────────────┘

┌─────────────────────────────────────────┐
│   改变教学方法，启发学生学习兴趣            │
└─────────────────────────────────────────┘

┌─────────────────────────────────────────┐
│   改变课程内容，注重学生深度学习            │
└─────────────────────────────────────────┘

┌─────────────────────────────────────────┐
│   加强课程联合，实现学生知识互通            │
└─────────────────────────────────────────┘
```

图1-1　高中历史教学理念的转变

（一）改变教学主体，促进学生主动参与

鉴于传统教学的课前和课中都是以教师为主，教师备课和讲授主要取决于教师的个人能力和知识水平，学生并不能主动参与到学习的过程中来，在课后的知识巩固过程中，学生也仅仅是根据记忆对知识点进行强化，并没有被引导着通过厘清知识脉络的方法进行学习，对历史人物及事件背后的思想和情感更是无从了解。在教学过程中，教师的角色也需要发生转变，教师应该由主导者向引导者进行转变，将更多的发挥空间交给学生，真正实现以人为本。教师在教学过程中主要是起到帮助学生指引方向、答疑解惑的作用，让学生敢于也乐于将所发现的困惑提出来，尊重学生作为一个独特个体的客观存在。通过这种转变，学生会发现教师并非高高在上的，而是可以和自己进行平等的交流，这样也利于学生将所思所想表达出来，从而树立起学生的主体意识。学生的学习也将从死记硬背转变成探索和总结的过程，这对于高中历史教学质量的提升有着较大的帮助。

（二）改变教学方法，启发学生学习兴趣

在新课改的背景下，高中历史教学要以学生为本。课堂上教师要引导学生参与到学习中来，激发学生学习的主动性和积极性。传统高中历史教学方式往往比较沉闷，这样不利于调动学生学习的积极性。久而久之，学生就会形成思维的惰性，将学习定义为机械性背诵，而不是理解记忆。对此，高中历史教师可以通过改变教学方法引导学生进行参与。在教学方式上，除了采用原有的讲授方式之外，教师可以尝试组织一些游戏或活动促进学生积极参与，例如，可以组织历史情景剧，让学生模拟历史人物体会历史事件发生时的情境，这样可以激发学生的共情能力，促进学生理解人物及事件背后的情感和内涵。学生在参与活动的过程中也会带着自己的思考去重新审视所学到的知识，这对于挖掘学生的潜能，拓展学生的视野也有着积极的帮助，最终能够帮助学生建立自主学习的习惯。

在新课标的要求下，高中历史学习已经不仅仅是单纯让学生记忆知识点，而是让学生通过历史学习提升认知，开阔视野，促进学生综合素质的提高。教学方法上的转变对于学生而言意义重大，选择多样化的教学方法，可以形成开放式和探究式的学习环境，让学生真正融入课堂中，保障课堂教学水平的稳步上升。

（三）改变课程内容，注重学生深度学习

传统高中历史课程的教学内容多以重大历史事件和重要历史人物等知识点为主，整体以时间的顺序进行推进。传统教学内容的侧重点是为学生展现出连续的、完整的历史发展进程，这个出发点是好的，它可以使学生对历史的发展有较为全面的了解。但是传统历史课的内容由于牵涉的知识点太多，这会导致学生在学习过程中困难重重，对历史知识无法做到深层次的理解。对此，需要对高中历史的授课内容进行一定的调整，在新课标的要求下高中历史教学内容不能再仅仅局限于时间上的连续性和体系上的系统性，而要侧重于对一些专题知识进行深度学习，同时也打开了历史学习的维度，让学生了解到知识的多样性。

目前，高中历史的学习内容已经有了十分清晰的学习脉络，在必修模块中涉及经济发展和思想文化演变等大的方向，在大方向的基础上对于一些比较典型的历史事件进行专题划分，要求学生进行重点学习。对于有一定影响的历史事件则设置为选修内容，教师和学生可以依据实际情况进行教学及学习，这种课程内容的转变能够让学生根据自身情况进行选择，给了学生自主发展的空间，让学生在学习中对知识点有了主次之分。学生对于重点的知识内容可以进行系统学习，形成完整的知识体系，对于相对次要的知识点进行了解，可以促进学生进行知识多元化的学习，从而有利于学生创新思维的形成。

（四）加强课程联合，提升学生综合素质

高中历史课程并非孤立的，而是可以和其他课程形成良好的互动，让学生通过课程间的联系增加知识互通，既可以提高学生的学习效率，也能够帮助学生发散思维，实现综合素质的提升。高中历史的内容广泛，例如，涉及历史著名的文学人物及作品等语文课程的知识点、推动社会进步的重大科学发现的物理课程知识点等，将语文、物理等学科的知识与历史知识点进行结合，可以让学生加深记忆。此外，课程间加强联系后可以让学生真正体会到知识的实际应用，从而增加其成就感，促进学生发挥主观能动性，实现所学知识的融会贯通。

历史课程的学习相对而言较为枯燥，如果单纯地讲授历史知识可能会使学生感到沉闷，但课程间的结合就可以改变这一现象。例如，在向学生介绍"谥号"这一历史名词时，一方面可以让学生去联想不同历史人物谥号的差别，发现其中的规律，另外从语文角度出发去分析谥号用词的含义，结合历史人物的鲜明特点来判断谥号的内涵，这样可以增加历史知识的趣味性，同时也能够增加学生词汇量的积累。

综上所述，传统的历史教学理念虽然在过去培养学生的过程中发挥着重要的作用，但是随着时代的进步，其已经不能满足当下社会对人才培养的需求，尤其是在新课程改革的大背景下，高中历史的教学理念的转变已经变得十分迫切。这一理念的转变对教师的教学能力和水平提出了更高的要求，同时也将教学内容从单纯知识点的传授上升到对学生自主学习能力的培养、责任感的建立、综合素质的提升上，这不仅关系到学生个人的成长，更对国家发展有着重要的现实意义。

第二节　高中历史教学的现实意义

一、高中历史教学的情感教育意义

历史学科中涉及诸多历史现象，能给人带来丰富的情感体验，例如，对源远流长的历史文化的自豪感、对伟大历史人物的敬仰钦佩、对事物发展因果关系的感慨。在这些体验的积累过程中，学生自然而然会形成富有深厚文化底蕴的审美观念。在有效的引导下，学生也会对社会与人的关系、自己的人生和国家有相对理性的看法，形成相对成熟的道德观，并逐渐养成科学的人生态度和成熟理智的爱国观念。除此之外，历史属于人文社会科学，而历史学科天然带有人文属性，所以历史学科必然更注重培养人格和带给人们各种情

感体验，这种学科属性决定了在学校教育中它将具备知识教育和情感教育的双重功能。

历史记载了人类社会发展的进程，历史教学就是阐明人类文明演进的规律，这些规律如果被恰当地介绍给学生，则有利于学生形成正确的世界观。另外，当学习历史人物的人生选择和行为时，学生会对人生价值和生命的真谛有更深层次的感悟，从而树立敢于追逐和坚持、勇于探索和创新的科学态度；当了解史实时，会激发学生的国家情怀进而建立正确的观念。在诸多国家中，历史学科都是弘扬人文精神和培养国家所宣扬价值观的主要阵地。所以，在高中历史学科教育目标中尤为注意人文素质方面的需求，而这一点在改革趋势中更加突显，这无疑是符合社会需要的一种改变。

二、高中历史教学的美育意义

"美育的包含性很广，既包含了审美过程，又包含了创造美并自觉利用美来抵制丑恶的过程。美育不是无心发生的自然现象，而是有计划、有目的、人为干预地促进人的审美能力、创造能力，提高并最终促进个体全面发展的过程"。① 在高中历史教学中，美育具有激发学生的学习兴趣、促进学生优秀道德品质的培养、促进学生审美情趣的养成和审美能力的获得、促进学生身心健康发展等作用。高中历史教学的美育意义主要体现在四个方面，如图1-2所示。

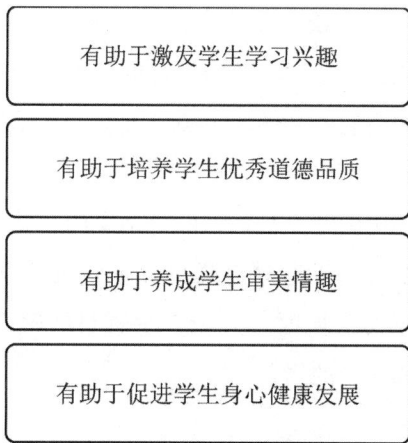

```
┌─────────────────────────────┐
│     有助于激发学生学习兴趣      │
└─────────────────────────────┘

┌─────────────────────────────┐
│    有助于培养学生优秀道德品质    │
└─────────────────────────────┘

┌─────────────────────────────┐
│     有助于养成学生审美情趣      │
└─────────────────────────────┘

┌─────────────────────────────┐
│   有助于促进学生身心健康发展     │
└─────────────────────────────┘
```

图1-2　高中历史教学的美育意义

（一）有助于激发学生学习兴趣

对美的热爱会让人产生积极的情感，并作用于学习中。美的事物对于所有人类特别是青少年学生有着强大的吸引力，正是这种吸引力，可以激发学生的学习兴趣和学习动力，

---

① 崔晓钰：《中学历史教学中的美育研究》，山东师范大学2020年版，第11页。

克服学习的阻力。在美育过程中，学生的所有感触都是发自内心的，因为美育是无法强迫的，只有学生真正地有所感触，才能够发现美、体验美。所以美育过程一旦开始，学生便占据了主导的地位，不再是教师支配的对象，这是一种由"教"到"不教"的境界的转变，是一种高度的精神自觉。在这一过程中，学生的主体意识会被充分唤起，审美兴趣会被无限激发。学生可以能动地控制自己的学习过程，学习再也不是学生的负担，学生必然会对学习充满向往。学习过程完全变成一个自己可控的享受的过程，从而变"苦学"为"乐学"，变"要我学"为"我要学"。

高中历史学科作为一门综合性的人文学科，蕴含着多种多样的美的事物，这些都是我们进行美育的素材。当学生们学习到历史人物英勇悲壮的英雄事迹、领略到精彩绝伦的艺术作品、揣摩出历史事件背后变化莫测的历史规律时，就会被历史学科中的人物美、艺术美、事件美所打动，从而认识到历史并不是一门无趣的理论学科，它的背后有着多种多样美的事物，学习历史可以获得许多人生的真理。学生会产生学习历史的浓厚兴趣，乃至学习各科的兴趣。当学习兴趣被激发，学习将会变得简单而有趣。学生将会从学习中获得充分的自我效能感。

例如，在教学中华文明的起源与早期国家的相关内容时，所叙述的内容离我们现在的生活比较久远，学生学起来可能觉得枯燥乏味、晦涩难懂，因此，教师可以以《中国考古探秘》视频作为课程的导入。从视频中可以看出，考古学家们发掘的考古文物十分精美，如大汶口文化的彩陶、龙山文化的玉琮、龙山文化的蛋壳黑陶杯等，这些文物展现出了中国古代劳动人民非凡的艺术创造能力，体现了历史文物的艺术美。同时，视频中考古学家们在艰难的环境下仍然艰苦发掘的精神也将深深地打动学生们，这些考古学家身上所展现出来的人物美使学生们认识到历史并不是久远的、枯燥的、无意义的，而是与人类现在的生活息息相关的、美的、有意义的。通过这样的环节设置，学生们无不被历史之美所吸引，愿意主动地进行探索与学习。同时，大量一手资料的解读使学生增添了对历史的感知，有利于学生史料实证核心素养的培养。

（二）有助于培养学生优秀道德品质

美是一种善，其所以引起快感正因为它善，换言之，美育是为了诱发人们"善"的情感及对"善"的追求，而"善"正是构成高尚道德的重要组成部分。因此，美育与道德的关系密不可分。美的事物会对人产生正向的启发作用，引发人一心向美、向善，这些美的、让人动情的事物，可以起到道德感化的作用。一个有着优秀道德品质的人，必然会有优美、良好的情操。在一定意义上，道德状态是由审美状态发展而来的，要使感性的人成为理性的人，除了先使他成为审美的人，没有其他的途径。因此，美育是培养道德品质的必要途径。

历史人物体现出来的高尚人格及历史事件映射出来的深奥哲理等，都会给予学生以人生启迪。当学生被这些历史美所震撼到的时候，会发自内心地想要自己的思想与行为向其靠拢。当学生心里充满了美，那么不管他们走到哪里，都会将美带到那里，看待任何事物也尽量以美的角度看待。因此高中历史课程中的美育，可以促进学生优秀道德品质的培养。

（三）有助于养成学生审美情趣

审美同其他知识类的学习一样，也需要大量经验的积累。通过接触美的事物，人的审美情趣和审美能力都会有不同层次的改进。因为美育是一个连续性的过程，当美的事物进入人的认知范围内，人脑会对其进行感知、理解和建构，进而从审美心理上产生变化，从而促进人审美心理的发展。高中历史教学中的美育也是如此。历史学科所蕴含的大量美的事物，如历史英雄人物的光辉事迹、历史上著名的艺术作品等，都会给学生的审美心理产生冲击和影响。大量地接触与感知美的事物，学生将会逐渐认识到美的事物到底是怎样的，并且发自内心地向其靠拢，进而影响学生的日常学习与生活，使他们的身边聚集大量美的事物，这便是审美情趣的养成所带来的作用。

另外，人虽然有与生俱来的趋美性，但是每个人的审美能力有所不同。审美能力高的人将会有发现美的眼睛，更好地感知生活中的美。美育可以培养学生的审美能力——包括审美感知力、审美理解力、审美评价力和审美创造力等。在教师的帮助下，学生可以通过欣赏、分析历史学习过程中的各种美，收获感知美的意义、分析美的思维、评价美的角度、创造美的方法。审美能力的提高，可以使学生更加理性、客观又富有美感地看待自己的生活，审视自己的人生，进而品味到生命的活力与节奏，发现生命中的美好，领悟人生的真谛，创造各种各样的美来丰富自己的生活。

例如，在讲解"三国至隋唐的文化"时，教师可以设计一个"历史长廊"环节，呈现从魏晋到唐朝时期著名的书法和绘画作品，让学生从赏析优秀艺术作品入手，感知三国两晋隋唐时期的文化发展情况。大量的书法和绘画作品给学生提供了丰富的审美素材，学生们通过欣赏这些优秀作品，置身于美的享受中，可以感受到作品所带来的各种美感，体验美的心境，得到美的享受；同时可以联系该时期的经济背景等，引导学生分析该时期文学艺术作品的风格和特点，总结其发展的规律。如此，历史课堂少了一丝枯燥，多了一丝美感。在这样的课堂上，学生们在获得历史知识的同时，还可以自由地获取美，主动愉悦地吸收美，积极地构建美，从而养成较为高雅的审美情趣。

（四）有助于促进学生身心健康发展

美育是一种综合性的教育，可以使人们在美的事物面前充分产生共情。即使是一个感官感受到了美，也会联动其他各个感官共同产生美的体验，从而在脑海中产生一个比客观事物更形象的立体印象。美育可以发动人的整体对美好事物进行感知，只有在美育中，人才能用整个身心而不是身心的某个局部去接受信息。有丰富的信息才有人的心理和个性发展，才能促进人的全面发展。并且，审美活动是克服人的片面性的必要手段，也是人的自我塑造和自我完善的基本形式。只有按照美的规律来塑造丰富的、全面的、深刻的、自由的、自觉的人，才能充分实现人与自我、人与他人、人与社会、人与自然的和谐和统一。因此，历史课程中的美育，不仅可以提高学生的审美素养，还可以帮助学生协调其他方面的发展，促进学生身心健康发展，从而引导学生成为一个与自我、他人、社会、自然和谐共生的人。只有身心健康发展的人，才能适应节奏越来越快的现代社会，承担家庭与社会所赋予的责任，为国家和人类发展做出贡献。

另外，通过美育所进行的人的精神教育，是比较全面且丰富的，但这并不是指美育可以独自担负起促进身心健康发展的任务，而是指美育内在地包含对个体的心理功能与意识的全面开发，并使它们达到一种协调平衡的状态。因此，我们不仅充分肯定美育对身心发展的促进作用，也支持美育与其他各育相互协调，从而提升学生的综合素质。

第三节　高中历史教学的有效性

一、高中历史教学有效性的意义

（一）加强教学的课堂效率

在高中阶段，每一个学科都有自己的学科特点，高中历史也同样如此，有效教学可以更好地把握历史学科特点，从而提高历史教学的课堂效率。在历史学科的有效教学中，教师可以在数十分钟的课堂教学中，更好地把握教学目标与教学任务，从而为学生在有限的时间里带来更有效率的历史课堂教。教师可以通过把握历史的学科特点，在课堂教学过程中采用学生更好理解的方式进行，从而加强历史课堂的教学效果，由此，高中历史的有效教学对学生和教师都有很好的帮助作用。

（二）增强学生的学习动机

对于高中生而言，高中阶段是压力大、情绪敏感的时期，因此，学生在被繁重的学习压迫的时候就会产生压力及厌学的想法。在高中历史的课堂教学中，教师应该创新课堂教学，从而帮助学生更有效率地学习历史，创建有趣并有效的历史课堂。而在新课标的要求下，教师需要创建一个有效率的历史课堂，这就需要教师做到教学内容的创新、教学方式的创新、教学模式的创新及教学评价的创新，这种有效教学可以帮助学生对高中历史的学习产生兴趣，增强学生的学习动机，从而在高中历史学习中学习到更多的知识，锻炼学生的历史思辨能力。

二、高中历史教学有效性的策略

（一）改变教学方式，激发学生学习兴趣

在高中历史教学中，教材教学是非常重要的，而在高中历史教材中，充满趣味性、故事性、含义深刻的历史事件有很多，因此，教师们可以改变教学方式，对于情节式的历史事件，教师们可以采取看电影、组织相声表演、角色扮演的方式进行多样化教育，这种教学方式不仅可以让学生记住历史事件，落实知识点的学习，还可以帮助学生在枯燥乏味的学习中找到乐趣。同时教师可以采取开放式课堂的方式，在课堂中渗透一些历史观，为学生讲授一些非常有意义的历史事件中的细节或小故事，激发学生的学习兴趣，调动学生的学习主动性，帮助学生更好地理解历史事件，促进高中历史课堂教学的有效性。

例如，在高中历史教学中，像辛亥革命、新民主主义革命的崛起等具体事件，教师们可以在网上查阅关于这一主题的系列电影，提前发给学生，让学生在课前了解基本的知识信息，从而促进学生更好地掌握课堂教学中的历史知识。在课堂中，教师还可以再播放经典的片段，让学生在特定的情节上，在真实的体验中，真正去了解当时的国家情况，从而对历史事件有一个更为直观的了解，激发学生对历史学习的兴趣，提高对历史学习的积极性，促进高中历史课堂的有效性。

（二）加强课堂互动，课堂教学以学生为主

在高中历史教学中，培养学生的自主思考能力和自主研究能力是非常重要的，这不仅可以很大程度地提高历史课堂的质量，还可以有效提升学生的自主能动性。因此，教师可以在历史课堂教学中创新教学方式，运用翻转式课堂，让学生来讲解，帮助学生思考教材知识，在课堂中表达自己的想法，培养属于自己的历史价值观，促进学生的主动性，提高

学生的教学主体地位，加强课堂过程中的师生互动，这样不仅可以改变传统高中历史课堂的枯燥，还可以帮助学生培养学习的兴趣，培养对历史的兴趣，从而符合新课标的历史教学要求，更好地促进高中历史教学的有效性，更进一步挖掘历史内涵，发挥学生学习的主动性。

例如，在进行高中历史教学时，对于中国传统文化主流思想的演变，教师可以运用翻转式课堂，让学生来讲述中国传统文化主流思想的演变，对于思想的演变过程、代表人物、朝代更替、思想变化等丰富的内容，学生通过对这些内容的研究，可以更深刻地了解古代传统思想的演变。同时，学生还可以从自己准备和讲解历史知识的整个过程中，逐渐培养对历史的学习兴趣，发现其中的奥秘。这样，在开展高中历史教育课堂师生互动的过程中，就加强了学生对高中历史课堂的认识和学习兴趣，提高了课堂教学的有趣性与教学有效性。

（三）培养分析能力，课堂融入历史资料

在高中历史教学中融入史料教学，对培养学生的自主思考能力和自主研究能力有非常重要的帮助作用，教师可以在历史课堂教学中创新教学方式，在进行教材知识的讲解中进行史料的融入，从而帮助学生对教材知识内容有自己的思考，在课堂中表达自己的想法，培养属于自己的历史价值观，促进学生的主动性，提高学生的教学主体地位。在进行高中历史的教学时，对优选的史料素材进行讲解，重视培养学生的独立性与创造性，从而提升学生的历史能力和历史素养，提升高中历史课堂的有效性。

例如，在进行高中历史"程朱理学"的讲解时，教师可以找到关于北宋时期的史料，之后再与学生一起解读北宋时期的历史背景、阶级矛盾及文化运动。由此，教师可以针对北宋时期的历史背景展开对程朱理学的讲解，深刻剖析程颢、程颐及朱熹的思想主张。利用史料来进行高中历史的教学，可以将高中历史教材的知识更好地学生，促进学生对历史的理解，将历史教学与新课标的教学要求相结合，促进高中历史课堂教学的有效性。

第二章 高中历史教学的内容体系

第一节 高中历史教学的导入方式

作为课堂最开始的课堂导入环节，通常而言，占用课堂的教学时间大致为 3~5 分钟。很多情况下导入环节亦会说成"导言""开场白"或教学技艺的一种。导无常法，很大程度上和教师的教学素养密切相关，这也是有时课堂导入环节不受重视的原因之一。于有西主编的《中学历史教学法》中，将课堂导入视为历史课堂常用的教学技艺之一，给出的定义是：课堂导入是教师在上课一开始的一种教学行为，主要是为了引导学生在心理上做好学习的认知准备，促使学生明确本课的学习目的和学习内容，引发学生的学习兴趣，产生学习期待和参与需求，从而使学生能够投入到本课的学习之中。

课堂没有一个好的开头，学生会感到兴趣索然，参与学习的积极性就会受到影响。所以新课程必须精心设计课堂的导入环节，应通过精彩的情境创设来激励、唤醒、鼓舞学生的智力情绪。一节课上，一个优秀的导入设计，往往会起到事半功倍的教学效果。

一、高中历史教学课堂导入的重要意义

优秀合理的课堂导入无论是对教师的教学，还是对学生学习等，都有很大的作用，主要包括：

第一，拉近学生与历史学习的距离。高中历史学科和其他学科相比，具有自己的特色。历史知识与学生的生活相距较远，而高中学业繁重，升学压力大，学生对历史这门学科的学习积极性较低，这都为历史教学带来了难度。而在课堂上仅有的数十分钟时间内，既要把学生拉进历史学习的情景中，又要吸引学生对本节课和对历史学习的积极性，作为一节课起始环节的导入，至关重要。有时，一节课开始时导入环节设置的一段音频、一幅幅图片、一条时政新闻热点等，能迅速把学生拉入教学中的那个历史年代和历史学习的情境中，拉近学生与历史学习的距离。

第二，激发学生的学习兴趣和积极性。教师必须能够运用对个体和群体动机、行为的理解，创造一种学习环境，鼓励学生进行积极的社会互动，积极参与学习活动。学校教育对学生学习动机的形成和发展起主导作用，而学校教育对学生学习动机的影响主要是通过教师的作用实现的。课堂教学起始环节的导入不仅影响学生对本节课的学习兴趣，甚至影响其对历史学科的学习兴趣。

第三，加强新旧知识之间的衔接和联系。建构主义学习理论认为：学生走进教室时不是毫无知识的，因此，知识必须在学生已有经验的基础上进行建构，重视学生的学习目的和已有观念。不管是讲授新课还是复习课，学生在走进教室之前，必定已经对相关知识有所了解或掌握，加强新旧知识之间的衔接和联系，对学生的学习至关重要。人类的学习总是以一定的经验和知识为前提，是在联想的基础上更好地理解和掌握新知识。而课堂导入环节就是新课和旧课之间的桥梁与纽带。因此，作为课堂教学起始环节的导入，能有效地将学生已有的认知和讲授的新知识联系起来，提高学习的效率。

第四，加强师生之间的互动和情感交流。罗杰斯的人本主义教学理论主张以学生为中心的教学观，认为建立良好的师生关系是有效教学的基础。而课堂导入有渲染气氛、沟通师生感情的作用。合理有效的课堂导入能增进师生之间的互动交流，拉近彼此的距离。通过课堂导入创设愉悦和谐的课堂环境，师生一起交流探讨，提高学习的效率。

二、高中历史教学课堂导入的主要方式

学生学习基础的不同、教师教学技能和教学素养的高低、教学内容的不同以及教学设备和教学环境等都是影响课堂导入的重要因素。根据教学内容的范围，课堂导入可以分为课程导入、单元导入和课时导入三种类型，下面主要论述的是讲授新课时的导入方式，如图 2-1 所示。

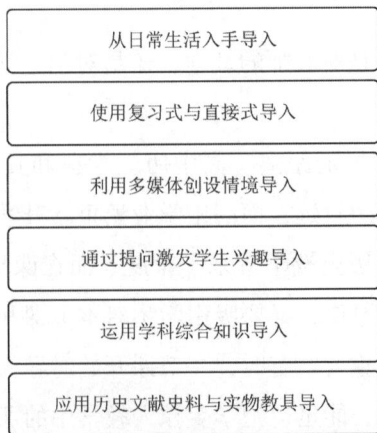

```
┌─────────────────────────────┐
│      从日常生活入手导入       │
└─────────────────────────────┘
┌─────────────────────────────┐
│     使用复习式与直接式导入     │
└─────────────────────────────┘
┌─────────────────────────────┐
│     利用多媒体创设情境导入     │
└─────────────────────────────┘
┌─────────────────────────────┐
│    通过提问激发学生兴趣导入    │
└─────────────────────────────┘
┌─────────────────────────────┐
│      运用学科综合知识导入      │
└─────────────────────────────┘
┌─────────────────────────────┐
│   应用历史文献史料与实物教具导入  │
└─────────────────────────────┘
```

图 2-1 高中历史教学课堂导入的主要方式

（一）从日常生活入手导入

第一，利用时政热点与新闻导入。当今的社会电子产品和网络互联网的发达，为学生了解国家乃至全球的时政热点提供了便利，这样的便利能很大程度地激发学生的学习兴趣和积极性。利用时政热点，尝试着创设情境，创造氛围，这种从时政热点导入的教学方法值得教师学习和借鉴。

第二，利用历史遗址遗迹与旅游景点导入。历史虽然是已经发生的事，但经过后人努力保护或重建下来的历史遗址遗迹、博物馆等，仍是人类宝贵的文化和精神财富，同时也是教育工作者，特别是历史教师可利用的宝贵的教学资源。教师要学会挖掘身边的教学资源。例如，在讲"义和团运动"这一内容时，教师可以下载相关历史遗址或现存有关景点的照片，导入破解"三教合一"的概念，这不仅可以丰富高中课堂的教学形式，也能够激发学生对历史学习的兴趣和积极性。

第三，利用民谣与歌曲导入。对于民谣，没有特定的定义，通常而言是人们用顺口溜或诗歌等表达自己情感的一种文化，有时能反映社会现状。挖掘民谣作为教学资源，能创造一种情境，调动学生的学习兴趣，导入环节当然也能加以利用。

第四，利用节日文化导入。生活中很多节日风俗等都和历史有关，教学资源的挖掘能丰富历史教学。

（二）使用复习式与直接式导入

1. 复习式导入

复习式导入是从学生已经学过的知识入手，在巩固旧知识的基础上引入新知识的学习。旧知识可以是已经学过的历史知识，也可以是语文、地理等其他学科的知识。一般一些老教师多使用这种方式导入。运用此种方法能帮助学生构建新旧知识之间的联系，但是相比之下，对学生兴趣的调动和吸引力较低。同时在使用时注意复习的旧知识要和本节课导入的新知识有相关的联系性，不能脱节。

例如，在讲解"秦朝中央集权制度的形成"这节课时，部分教师的导入设计就是带学生回忆夏商西周时期的相关制度，进而引出秦朝大一统和废分封、行郡县等知识，引出该课的教学，这种导入下，能帮助学生回忆巩固上节课的知识，但是也有一定的缺点，即很平常地直接巩固知识，学习新知识，学生的兴趣和积极性没有得到调动。复习式导入使用不当会造成枯燥之感，因此教师要慎用。

2. 直接导入

直接导入主要包括以下形式：

第一，破题导入。所谓破题导入，即从该节课的题目或主题入手，引入本课的学习。通常而言，是通过解释一个名词概念等展开。

第二，直奔主题。所谓直奔主题，就是上课一开始就直接点明本节课的学习主题和内容，向学生介绍本节课的课标要求、重难点等，让学生心中对本节课有所把握。直接导入方式虽然能直奔主题，节省教学时间，但是对教师在学生心中的认可度和学生自身的素质要求比较高，一般适用于复习课，但是使用不当会造成枯燥之感，教师在使用时要慎用。

（三）利用多媒体创设情境导入

1. 利用多媒体展示图片导入

目前很多学校都已经具有多媒体等先进教学设备辅助教学的条件，充分利用多媒体等教学设备的优势，能有效辅助教学。利用多媒体设备向学生展示图片、音频、视频等方法，提出相关问题，促使学生观察分析，进而导入本课教学。很大程度上能引起学生的情感共鸣，创设一个教学情境，唤起学生的认知，激发学生的兴趣。利用多媒体展示图片的导入方式，能引起学生的兴趣，教师在展示图片时，要创设一个教学情境，提出相关的问题，进而引入本课的教学。

展示图片的方法导入，能吸引学生的注意力，唤起学生的兴趣，但是要注意选用的图片不宜过多，同时也要和所讲授课的知识相关，图片展示只能为教学服务，不能为了展示而展示，否则只会适得其反。

2. 利用多媒体展示音频、视频导入

通过学生身边接触的音乐、歌曲、影视片段等导入，能吸引学生的兴趣和学习的积极性，唤起学生的好奇心。当前这种导入方式很常用。利用多媒体设备展示音频、视频导入方式，对于学习任务很重的学生，具有很大的吸引力，能调动其学习的兴趣和积极性。但是使用时也要注意所选音频和视频的合适性，且所播放的音频和视频不能过长，一般导入环节所用的时间大致在 3~5 分钟，所选的音频和视频则不能因过长而导致导入环节过于冗长耗时。同时，教师在播放音频或视频之前或者在过程中要向学生提出一些问题，让学生带着问题去观看，否则难以达到教学要完成的目的。

3. 利用多媒体展示网上数字博物馆导入

随着信息和科学技术的发展，数字网络资源在教学上的应用也越来越多。具有一定的信息化素养，挖掘教学资源，是一名优秀的教师应该具备的基本技能。我们身边的博物馆资源有很多，每个博物馆或红色旅游景点，都有自己独特的文化和历史，需要教师在提高信息化素养的同时，加以挖掘和利用。这种方法新颖独特，但需要教师有较高的信息化素养。

4. 利用多媒体再现历史场景导入

所谓历史场景再现导入，是指教师在课堂开始，通过语言描述或展示图片、视频等再现历史事件或历史人物当时所处的场景。利用再现历史场景导入形式能拉近学生与历史人物、历史事件和历史知识之间的距离。

（四）通过提问激发学生兴趣导入

第一，利用数字、时间概念设疑导入。过去性是历史知识的基本特点，尤其是距学生生活时代较远的历史知识，学生会对此感觉比较陌生。作为历史学科，学生经常会接触到一些数字、时间，利用时间观念或数字设疑，能激发学生的好奇心和兴趣。

第二，利用历史人物设疑导入。横贯古今中外的历史长河中，有很多历史人物，然而历史教科书上历史人物的选取以及其生平或事迹的介绍，都在为教材的编排和教学服务。很多历史人物都存在学生认知之外的另一面，教学中利用这一点可以充分调动学生的好奇心。

第三，以漫画设疑导入。历史教学中有很多和历史相关的漫画可以利用，生动形象的漫画能吸引学生的兴趣，但是在选用时也要注意其合适性。例如，在讲解"世界多极化趋势的出现"内容时，在教学活动上，可以通过一幅表现世界新旧趋势的漫画，来引出世界多极化这一趋势的出现，进而导入该课的教学，能够激发学生的学习兴趣。

（五）运用学科综合知识导入

第一，利用诗词、对联导入。诗词、对联等文学作品形象生动，能够调动学生的学习兴趣和感染力，培养学生的思维能力。但是使用时要注意诗词等选用的典型性，且篇幅不能过长。

第二，利用成语、典故导入。通过学生了解的但是不知道具体源头的成语、典故等的导入，不仅能扩大学生的知识面，还能调动学生一探究竟的兴趣。例如，在讲解"夏商西周的政治制度"时，在讲述分封制度时可以利用周幽王"烽火戏诸侯"这一典故导入。但是使用时也要注意成语和典故的典型性。

第三，利用地图导入。对学生而言，在历史课堂教学中恰当地利用历史地图，其带来的形象直观感受有时远比抽象难懂的文字更容易理解和接受。利用历史地图用于历史课堂上的教学导入，同样能带来这样的效果。

（六）应用历史文献史料与实物教具导入

1. 利用历史文献史料导入

所谓利用历史文献史料导入，是选择与本节课有关的历史文献等资料来设计导入，让学生通过阅读史料，再结合教师所提的问题，思考并进入本节课的学习。高中阶段注重培养学生的思维能力，学会论从史出，这种导入方法能培养学生的史料阅读能力，提高历史学习能力，但是，此导入方法相比图片、视频、音乐等视觉冲击的导入而言，对学生兴趣的激发和调动作用较小。因此，为了避免这种枯燥乏味，教师要注意文献资料的典型、精炼、易懂，同时要标明史料的来源和出处，以便学生阅读和思考。

2. 利用实物教具导入

所谓实物教具，可以是书籍、模型、仿制文物、历史地图、挂图、历史题材的邮票、明信片等。书籍是最简单的实物教具，例如，在讲述"文艺复兴"这一内容时，可以利用《神曲》等书籍的中文版和傅雷先生的《世界美术名作二十讲（插图本）》《外国绘画选集》等书籍，边讲边把相关书籍交给学生传阅。"传统"的实物教具和"现代"的教学手段是可以优势互补的，但是要注意选择实物教具的典型性和可行性。因为高中教师教学任务和学生学习任务都很繁重，因此作为一名优秀的历史教师，要懂得挖掘生活中的教学资源平时就可以注意收集与制作实物教具，或者指导学生动手制作。

第二节　高中历史教学的提问策略

一、高中历史教学提问来源与类型

（一）高中历史教学提问的来源

1. 教材

教材是学生学习历史的主要材料，也是学生接触最多、使用最频繁的资料。高中历史教材中问题的来源主要分为两个部分：一是历史教材中已经设置好的问题。在现代高中历史教材中，每一节课都设置有 1~2 个习题供学生练习、思考。课后也有总结性的问题帮助学生系统掌握本节课的重点、难点。这类问题是用来帮助教师或学生理解本课内容、分析本课知识框架的，但是只提问这些问题是远远不够的。二是教师或学生通过对教材的阅读、分析与理解，从中发现一些原本没有直观显示出来的问题，这类问题应是教师需要重点关注的问题。然而学生在学习教材的时候，通常都注重于教材里知识点的记忆与理解，而忽略了对教材本身深层次的挖掘，缺乏问题意识，仅仅把对教材内容的记忆当作学习目标。

教材对于历史教师而言，不仅是教学的参考材料，也是进行教学的第一手资料，如何落实教学大纲对教学目标的要求，教科书是教师的首选依据。现阶段的历史教材是专题史模式，每一节中都包含了大量的知识点，教师不能为了达到教学目标仅仅向学生教授这些知识点，而应该激发学生的学习兴趣、问题意识，培养学生的自主学习能力，这就要求教师对教材有更深层次的理解，能够从教材中发现那些对学生发展有效的问题，通过提问的手段，让学生对所学的知识有进一步的理解，让学生能够自主发现问题、解决问题。

2. 史料

史料作为历史学科的标志性材料，是历史教学的独有方式，也是历史教学中问题的主要来源。纵观历年高考的历史题目，总会有部分史料分析题目，由此可见史料对历史学科的重要性。史料包括文字、图片、影像及实物史料，其中文字、图片是学生和教师经常遇到的材料，也是最容易设置问题的材料。通过史料设置问题，既可以调动学生的学习兴趣，又可以培养学生的史学素养，使学生了解历史这门学科的严谨性。但是史料问题也有一定的弊端，就是要求学生具有较高的文言文功底和良好的语境分析能力。如果学生根本无法理解史料的内容，那么问题的设置也就失去了它本身的意义。这就要求教师在课堂教学中向学生教授史料，帮助学生理解史料，提高学生的史学观念和史学素养，加强学生的古文字功底。因此，史料问题对于历史教学而言是必不可少的。

3. 学习反思

教师可以督促学生进行学习反思来发现学生在学习中没有深入掌握的问题。在历史教学过程中，指导学生回顾所学过的知识点，对自己现阶段的学习进行自我评价，在回顾和评价的过程中，教师就很容易发现学生没有理解的问题，再针对这些问题进行讲授，能够加深学生的印象，巩固所学过的知识。教师也应有意识地培养学生的自我反思能力，每学过一节课，就让学生对这节课的内容进行反思，内容应涵盖：这节课我学到了哪些内容；有没有哪些还没有掌握的知识点；对这些知识点的应用能力如何；等等。

让学生自己发现问题，比教师直接指出更有意义，学生发现问题之后，可以向教师请教，也可以通过小组讨论来自行解决，这样既锻炼了学生的问题解决能力，又提升了学生的自我效能感，对今后的学习生活都有深远的影响。因此，作为教师应注重学生的学习反思。

4. 现实生活

经过时间的沉淀，我们的现实生活中遗留下来了大量的历史痕迹。例如，北京故宫的建筑风格是怎样的；天坛作用是怎样的；我们现在的服饰款式、桌椅样式是从哪里来的；为何中国古代的都城大都集中于北京、西安、洛阳等城市。历史为我们留下了许多遗迹，教师应注重挖掘乡土资源，从学生关心、感兴趣的方面出发，发现问题，设置问题，激发学生的学习兴趣，同时也能培养学生的知识迁移能力。学生在解决问题的同时必然要联系到现实生活的各个方面，从而通过问题进一步理解现在的生活。

（二）高中历史教学提问的类型

高中历史教学提问类型如图 2-2 所示。

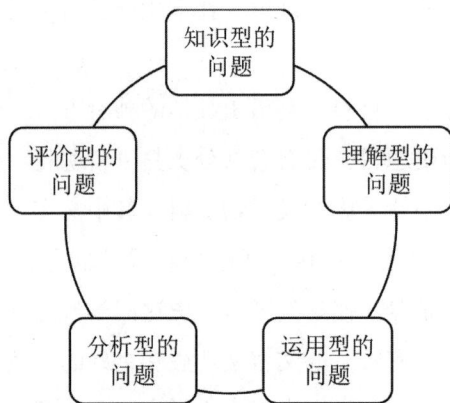

图 2-2　高中历史教学提问的类型

1. 知识型的问题

知识型问题也称为事实型问题，它是高中历史教学问题中最基础也是最常见的问题类型，由于历史教学中的大部分知识都是对时间、事件、史实等历史因素的记忆和掌握，因此，知识型问题在历史教学中占有很大的比重，这类问题大部分都是对某一事件发生的时间、地点、人物、影响等的论述，这些都是基础性的问题，具有少量的思考性，但教师不能仅采用回忆式的问题进行提问，而是要在这些基础性的知识里面找到能够激发学生问题思维的更高一级的问题形式。

2. 理解型的问题

理解型问题高于知识型问题，是在知识型问题的基础上，需要学生进行一定的思考才能理解的知识类型，这类问题大都是关于某一历史事件产生的条件、造成的影响以及条件与条件之间、原因与结果之间的内在逻辑关系。针对这种问题，学生就需要对问题本身的知识有一定的了解，然后根据这些知识点通过归纳总结演绎来解决。

例如，在讲解明清进步思想家相关内容时，要求学生掌握明清之际的新思想产生的背景和影响。要理解这些条件和影响，需要先了解明清之际产生了哪些新思想，这些思想又新在何处，之后根据这些思想的特征来归纳总结出新思想产生的条件和影响。由此可见，理解型问题是基于知识型问题之上的更高层次的问题类型。

3. 运用型的问题

运用型问题指的是需要学生运用新授知识来解决固有知识的问题，这类问题在学生的认知能力中构建了一架桥梁，贯穿了学生所学过的各种知识与新授知识，让学生能够把这些知识联系起来去解决实际遇到的问题。这类问题经常伴随着"如果……怎么做"的疑问词。

4. 分析型的问题

分析型问题作为一种高层次的问题类型，需要学生具备良好的逻辑思维能力，它要求学生通过细致的分析与考察，由浅入深、由表及里、环环相扣，排除各种误导因素，最终直达事物的本质。与知识型问题、理解型问题、运用型问题相比，分析型问题在对知识点的挖掘上更进一步，注重学生对深层次知识的掌握和运用。教师在处理这类问题时，应注重灵活点拨而不是直接给出答案，以问代答，引导学生进一步分析问题。

例如，在分析秦朝灭亡的原因时，教师可以拿出学生学习过的《过秦论》一文，唤醒学生对此文的记忆。根据文中对秦朝强大的生动描述，引发学生对秦亡原因的思考，让学生根据《过秦论》对秦亡原因的论述来思考秦朝灭亡的具体因素，之后思考《过秦论》得出的结论是否正确。这样做不仅锻炼了学生分析问题、解决问题的能力，还锻炼了学生的知识迁移能力，让学生理解古人对秦亡的看法，再对比自己的看法，从而加深对此知识点的理解。

5. 评价型的问题

对某一历史人物或某一重大历史问题的判断和评论称为评价型问题。评价型问题最容易激发学生的创造性思维和创新能力，但这类问题又是最需要史学素养和严谨学风的一类问题。评价历史人物是各种史学评价中最复杂的一类，它要求教师具备良好的史学素养和科学的历史唯物主义价值观。当教师在提问这类问题时，应引导学生客观地评价历史人物或事件，把历史人物放在当时的社会环境中，分析他的阶级属性，是否对历史的前进做出了贡献等。

例如，评价秦始皇这一历史人物时，教师就需要引导学生运用两点论、两分法，辩证地看待秦始皇的功绩和错误，既要看到秦始皇统一六国、开启大一统时代的雄才伟略，又要看到他不足的一面。讨论秦始皇对历史进步所做出的贡献能否抵消他的不足，并最终客观地评价秦始皇一生的作为。

除了上述的历史问题类型，还有单一式问题和综合式问题，发散性问题和抽象性问题，封闭式问题和开放式问题。无论何种问题类型，只要设置得当，都能够培养学生的能力，激发学生的思维。这就需要教师遵循历史课堂提问规律，提高历史课堂提问的艺术。

二、高中历史教学提问策略的要点

在社会进步和教育发展的推动下，新课程改革的发展呈现出越来越深化的趋势。打破传统教学模式，提高学生的综合素质成为新课程改革的核心内容。提问作为课堂教学中的重要部分，对这一目标的实现起着重要的推动作用。教师通过提问来维系与学生的互动，根据学生的反馈信息来更好地把握课堂教学的进程，这样就使课堂教学成为一个有机的整体，从而更好地贯彻落实新课程改革的要求。

（一）充分发挥提问功能

提问作为一种课堂教学手段，在高中历史教学中占有重要的地位，几乎每个教师在实际教学中都会用到。教师能否充分发挥提问的功能，是教师是否可以顺利完成课时计划、培养学生自主学习探究能力、促进学生全面发展的重要保障。

1. 引起学生注意，激发学习兴趣

在新课开始或转变教学内容时的提问可以吸引全班学生的注意力、激发学习兴趣，把学生分散的注意力和兴趣集中到某一问题上来，并对这一问题产生兴趣，从而产生解决问题的思维意向，调动学生学习的积极性、主动性，使学生思维与教师的讲课保持高度一。

2. 启发学生思维，促成主动学习

传统教学中，学生多用视听器官，间接被动地接受知识，很少有空暇、意愿去思考某一问题，这对学生思维发展不利。出色的提问能够引导学生探索所要达到目标的途径、获得知识和智慧，养成善于思考的习惯与能力。任一学科知识通常是前后联系的，许多新知识都建立在旧知识的基础上。教师在历史教学中讲解知识时可适当提问，引导学生共同回忆，复习旧知识，并在此基础上引出新的概念和规律。使学生参与学习，主要是指思维的参与，设计好提问是促使学生思维发展的好方法。

结合前述有关新旧知识的观点，设计提问应符合两个条件：一是教师所提出的问题应与学生当前的知识结构、知识积累和认知情况相符，问题不能超过学生当前的认知水平和能力；二是问题的答案需要学生经过一系列的思维活动，在原有认知基础上经过归纳、总结、概括、分析才能得出。

3. 促使教学交流，进行信息反馈

课堂提问能够激发学生的学习兴趣，使学生积极思考。通过提问与回答，教师能够及时了解学生掌握知识的情况，诊断学生思维的障碍、困难之所在，发现教学过程中的难点与疑点，从而使教师能及时调整教学计划，或巩固知识，或弥补矫正，有的放矢地进行课堂教学，科学合理地解决学生学习过程中遇到的问题，从而把握住教学活动的方向和进程，形成师生之间良性的信息双向交流，达到教与学的相互促进，从而顺利完成教学任务，实现教学目标。要特别注意师生问答过程实质上既是师生间、生生间的双边互动和多边交流，又是教师指导、帮助学生获取、组织和评价教学信息的过程，也是学生融会贯通地掌握知识和发展能力的过程。

（二）准确把握提问原则

历史教师在课堂教学中提问，是为了顺利完成教学目标，是教学过程的有机组成部分，是课堂上师生互动的途径之一，也是调动学生参与教学的重要手段。教师在备课的过程中，要对课堂提问进行精心设计，既要考虑在何处提出问题、提出怎样的问题，又要考虑学生如何回答，以及如何回应学生的回答。一般而言，在设问时要遵循以下原则：

第一，问题应紧扣教学内容。教师在课堂上提问学生，是为了引导学生进行学习，所以，问题就要围绕着教学内容，使问题的提出与解答有利于完成教学任务。而且，问题应紧扣教学内容中的重点和难点，这样有利于突出重点和解决难点。如果教师的提问与教学内容无关，就容易失去课堂提问在教学上的意义和功效。尤其避免提出一些无的放矢的问题。

第二，问题应有明确的指向。教师提出的问题须是明确而具体的，以便于学生领会要求，明确题旨和题意，这样才能展开积极的思考。任何设问都是有灵活性的，但都要遵循设问要有针对性这一原则，避免提一些笼统的、模糊的问题。如果问题的指向不清楚，就会使学生不知道如何去思考问题，更不知道应该怎样去解答问题。

第三，问题应有启发性。教师提出的问题要能够引起学生的学习兴趣，促使学生进行积极的思考。要避免提出一些简单的知识型问题，或是通过翻阅教材就可找到答案的问题，如提问的疑问词是"对不对""是不是""好不好"之类的问题。要使问题具有启发性：一是设问要针对疑难之处，使学生有解决困惑的兴趣；二是提问的语言要富有诱导性，能够激发学生的思维活动。

第四，问题应有探究性。问题要能够促进学生的积极思考，激发学生对问题的探究兴趣。如果问题解答不需要探讨，只要照着课本上现成的答案来回答，那么这样的问题提不提出来都无所谓，因为它缺乏学习上的实际意义，对学生的能力培养起不到应有的作用。

第五，问题的难易要适中。教师提出的问题要有一定的疑难性，能够调动、引发学生积极思考；同时，问题又要符合学生的认知水平，符合学生认知上的"最近发展区"，使学生经过努力可以解答。如果问题的难度过大，则学生可能难以回答；如果问题过于容易，则学生不用思考也能回答，这都会失去提问的作用。

第六，问题要与学生的历史学习有直接的关系。教师在课堂上提出的问题，目的在于调动学生进行积极的学习与思考，因此所提出的问题须与学生的历史学习有直接的关系，而不是为提问而提问，或是单纯地追求提问的次数。如果教师提问一些与历史课堂教学无关的问题，既起不到提问的效果，又会耽误课堂教学的时间。教师提出的问题应能帮助学生加深对所学知识的理解和运用，能激发学生主动学习的意识，能培养学生的问题思维。因此，教师应注重对提问的运用，尽量发挥课堂提问的功能。

（三）巧妙设计历史问题

在高中历史课堂教学中，教师每提出一个问题，就给学生提供一次学习、思考、提高的机会，就能促进学生不断发展。但这并不意味着提问得越多越好。教师的提问要适时、适度、适量，提出的问题要有教学价值，问题的设计要科学恰当。

1. 问题设置要有技巧

学生主动学习的支撑点就在于"疑问"。只有当学生对所学习的内容有了疑问，有了想深入探索的兴趣时，才会最大限度地发挥主观能动性，充分调动自己的思维。教师要想培养学生主动学习的能力，就要从学生的疑问出发，依据高中历史教材、史料、现实生活中的案例等进行问题设计，在学生感兴趣、又容易产生疑问的地方巧妙设置疑点，用来启发学生的问题思维，刺激学生主动进行思考和探索，这就需要教师具备精深的专业知识和广博的社会知识，需要教师对所教授的学科有深入的理解和独到的看法，才能提出具有"思考性"的问题。

例如，在讲授辛亥革命相关课程时，教师可以这样设置问题："如果作为革命中的一员，会如何计划革命地点和革命方式？"这样的问题不仅能够加深学生对辛亥革命的印象，还调动了学生学习思考的积极性，使学生能够轻松地理解辛亥革命爆发的过程和影响。

2. 问题内容要贴近生活

教师设计问题要从社会热点与生活热点出发，从学生的实际认知出发。如果教师提出的问题能够结合当前现实生活实际情况和社会热点，能够引起学生注意，提升学生的学习兴趣，激发学生的思维，那么就能更好地引导学生学习历史知识要点，掌握历史知识概况。

例如，隋朝开凿大运河这一史实，教师可以设问：对于大运河的开凿，最典型的看法有皮日休的"尽道隋亡为此河，至今千里赖通波。若无水殿龙舟事，共禹论功不较多"（《汴河怀古》）；又有胡曾的"千里长河一旦开，亡隋波涛九天来。锦帆未落干戈起，惆怅龙舟更不回"（《咏史诗·汴水》）。虽同是唐朝诗人，但两人却观点迥异，孰是孰非？通过学生熟悉的诗词来进行提问，从他们的兴趣点出发，容易加深学生对隋朝开凿大运河这一举动的认识，教育他们运用辩证法来看待问题分析问题。

3. 历史问题要以旧促新

以旧促新，就是从学生已有的认知水平与学习经验出发，抓住新旧知识之间的内在联系，创设问题情境，以旧启新，新旧整合。在巩固学生已有知识的前提下，突破学习的重点、难点和疑点，生成新的知识结构，从而加强对所学知识的理解。

例如，关于老子思想的分析，可以借助学生所知道的"塞翁失马，焉知非福"的故事设计如下问题：①哪位同学能讲讲"塞翁失马，焉知非福"的故事（在讲述过程中，引导学生理解福祸这一对立面相互转化的过程）；②想想生活中还有哪些对立面，举一个自己知道的或遇到的对立面相互转化的例子；③在学生真正掌握了老子思想的核心后，让学生结合老子的思想，谈谈怎样看待日常生活中的好事与坏事。学生对该故事都很熟悉，教师能够通过小故事中的辩证思想来同老子思想相联系，从而加深学生对该知识点的理解。

4. 利用提问进行总结

课堂小结作为教学的一个环节，虽然用时较少，但作用甚大。教师利用提问作为课堂教学的总结，不但能够综述本节课的知识要点，帮助学生更好地掌握所学习的内容，而且可以激发学生的问题意识，从而发现在学习中没有掌握的知识，用以巩固自己的历史知识学习。利用提问总结也可以作为教学反思的一项重要参考，教师可以通过学生对问题的回答情况来检验本节课的教学成果，从而更好地指导教学。

如在讲完武则天的历史后，教师可以这样设置问题进行总结："公元705年11月，中国历史上执政21年的女皇帝武则天病逝了。她的墓碑，通高7.53米，宽2.1米，厚1.49米，但碑中不见一字。武则天为何在自己的墓碑上不刻一字？历代学者为此争执不休，众说纷纭。其中有一种说法是武则天一生聪颖机警，常做惊人之举，立无字之碑，意在千秋功罪，让后人评说。因此，我们应该怎样来评价她？如果请你来为武则天的墓碑撰写碑文，会怎样行文？"通过这个问题进行课堂总结，既有利于开阔学生思维，促使学生主动探究，又有助于学生概括总结本节课的重、难知识点，加深他们对知识的记忆和理解。

（四）注重提问细节工作

在历史教学中，教师要讲究提问艺术与技巧，尤其要注意以下方面：

第一，要在学生的认知基础上提问。教师提出的问题须与学生已有的学习经验有联系。在学生已具备的知识背景下引导他们进行积极思考，运用已有的知识、经验来解答问题。如果向学生提一些他们完全不知晓的问题，或是他们毫无经验的问题，那么对于这样的问题学生就会不知道如何解答，或只能猜答，并不能调动学生的思维活动。

第二，要面向全体学生提问。在课堂教学中，教师要面向所有的学生提问，而不是仅针对少数学生提问。教师应先提出问题，再让学生来回答，而不是先叫起学生再发问。因为先说出问题，班上的学生都会进行思考，做回答的准备；而先点到学生再提出问题，其他的学生就只是处在旁观的位置上了。另外，在问题提出后，教师也要让尽可能多的学生参与到对问题的解答活动中。

第三，要把握提问的节奏与频率。提问虽然能够调动学生的思维，促进学生参与到教学活动中，但并不是在一节课上教师提出的问题越多越好，因为太多的问题就像太多的知识，都会使学生对思维活动产生厌倦感，不利于学生的学习。所以，教师要把握好提问的节奏与频率，使学、思、问、答等活动产生实效。

第四，要给学生必要的思考时间。教师应在每次提问后给学生一个思考问题、寻找答案的时间，让学生进行充分的思考，而不是提问后立即叫学生起来回答。教师提出问题后，可以适当滞留6~15秒的候答时间，给学生充分的余地用来思考问题，组织语言，从而更好地应对教师提出的问题。

第五，提问要与讲授相结合。从教学的角度而言，教师的讲授与提问需要良好配合。讲与问应相互连接、相互呼应、相互作用，融为一体，以讲设问，以问导讲，从而促进教学的深入进行。

第六，要及时引导学生回答。教师提出问题后，应针对学生的回答及时进行引导，必要时还要加以补充。遇到学生不知道如何解答问题时，教师不能置之不理或简单批评，而应采取相应的策略启发学生，使学生能够理解题意，顺利进行问题的解答。对于较难回答的问题，教师可适时降低问题的难度，或将问题适当分解为若干小问题，以便学生回答。

第七，要认真倾听学生的回答。当学生回答问题时，教师应特别注意倾听，而不是充耳不闻。只有认真听取学生回答的内容，才能及时发现学生回答是否正确，是否有不足。而且，教师的倾听也表现出对学生的尊重态度，这对师生双方建立互信也很重要。

第八，要正确对待学生的回答。当学生回答正确时，教师应做出肯定的表示，必要时还应给予表扬；当学生不知道怎样回答或回答不太完整、正确时，教师可进行引导，或请其他学生来回答，而不能逼迫、批评、嘲讽学生。

总而言之，课堂提问是历史教师重要的教学基本功之一，熟练地掌握和运用提问的技艺，对提高课堂教学水平至关重要。教师应在教学实践中善用提问，不断提高提问的技艺，使历史课堂教学充满活力。

三、高中历史教学提问策略的内容

提问作为启发式教学的基础沟通师生双方交流活动的纽带，在实际课堂教学中是一种必不可少的方式。要形成一种对话式的教学氛围，教师的课堂提问能力是不可或缺的。在高中历史课堂教学中，教师能否根据学生的心理水平和认知差异及教材中的具体知识点，有针对性地设置问题，并迅速恰当地解决问题，直接关系到学生文化素养的提高和创造能力的培养。但是，如果教师对课堂提问的作用认识不到位，问题设置不科学，提问技巧不恰当，就会令学生失去信心，学无成效，严重影响课堂教学的效率，制约学生的发展。因此，在高中历史课堂教学中，要使学生学会提出问题，教师应先学会如何向学生提问。新课程标准提倡以学生的全面发展为本，所以问题的设计不仅要从教材的知识点出发，更要从学生的实际情况出发，也要从现实生活中学生感兴趣的例子出发进行提问。高中历史教学提问策略主要包括六个方面的内容，如图 2-3 所示。

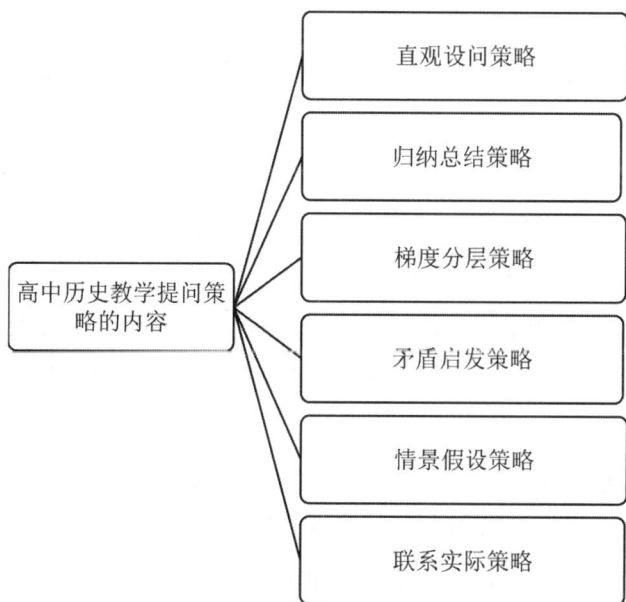

图 2-3　高中历史教学提问策略的内容

（一）直观设问策略

所谓直观设问策略，就是指直截了当地提问一些浅显易懂的问题，这种问题主要涵盖了教材中的重点、难点和易混淆的知识点。目的在于强调、检测学生应牢记的基础性知识，帮助学生区别判断所学过的知识点和新学知识点之间容易混淆的部分，以便确保学生对基本的历史知识有直观清晰的理解和掌握，保障最基础的教学目标得以实现。鉴于这种提问方法所问的大都是知识型、封闭型问题，考察的是学生的记忆和总结，难度较小、易于回答，所以此类问题不宜过多，在教学中要确保该问题的数量少于提问总量的三分之一，建议多让学习程度较差的学生回答，帮助他们建立自信。

例如，在"新民主主义革命"相关课程中，为了更好地导入新课，教师可以这样提问："我们都知道每年的 5 月 4 日是青年节，有谁知道我国为何把 5 月 4 日这一天定为青年节？"通过联系实际来追寻历史问题，可以提高学生的学习兴趣，从而积极主动地探究五四运动这一历史事件。在学生回答完自己的答案以后，教师可以进一步跟进："最能反映五四运动性质的口号大家是否知道？"通过这样的提问，可以激发学生的问题意识，即五四运动的性质是怎样的，进而根据五四运动的性质来思考五四运动的代表性口号。

（二）归纳总结策略

归纳总结法，即帮助学生将相关、相似的知识点通过横向或纵向的方式分门别类——说明，达到编制经纬展示全貌的目的，这种提问多用于归纳复习或专题训练，其内容纵横交错，是帮助学生建立历史知识框架的好方法。归纳总结法适用于高中历史教学中的综合复习课程，需要学生对教材的知识点有一定的认识和理解，帮助学生在宏观上掌握历史的发展脉络和内在逻辑关系，构建一套严密的历史知识框架，更好地把握历史各阶段或专题的知识结构。

例如，在"秦汉政治制度"相关课程中，教师可以向学生提出问题："在战国末期，有能力统一全国的有秦国、齐国和楚国三个国家，可是为何最终是秦国统一了中国呢？"这样设问既可以提升学生的学习兴趣，又可以使学生在对比中发现三国对内对外政策的不同，从而对这些差异进行归纳和总结，进而得出秦国综合实力超过其他两国的原因，最终完成对中国的统一。

又如，"启蒙运动"课程内容的重点、难点多且知识跨度大，为了帮助学生更好地理解启蒙运动的本质和影响，联系起之前所学过的相关制度、经济专题史，形成资本主义兴起和发展、壮大的知识全貌，可以提出一组问题。①启蒙运动为何能够兴起？启蒙运动兴起是建立在哪些条件下的？②启蒙运动和文艺复兴是否有联系？③启蒙思想是通过哪些途径传播到全世界的？④启蒙思想作为指导性思想在世界各国建立资本主义制度时都起到了哪些作用？⑤在当代，启蒙思想是否还能起到应有的作用？通过这样一组问题，把启蒙运动同世界资本主义经济的萌芽、发展、壮大联系起来，同工业革命和近代自然科学联系起来，同各国资产阶级革命联系起来，同当今法治社会、民主思想联系起来，有利于引导学生建立资本主义知识的结构框架。

（三）梯度分层策略

学生在学习任何知识的时候都会有一个由浅入深、由外而内、由低到高、由粗到细、由小及大的过程。循序渐进式的学习方式能够帮助学生更容易地接受、理解所学知识的层次结构，更好地适应自己的实际认知基础，不断地学习、积累，从而达到质变的效果。同样，教师在提问的时候也可以遵循这个原则，对问题进行梯度式设计，让问题呈现出步步深入、层层发问的特点，以帮助学生理解问题的来龙去脉，揭示历史的本质。

（四）矛盾启发策略

所谓矛盾启发策略，就是将相似或相反的事物进行比较，找出相同点和不同点，以加深对事物本质特征的认识和理解。在历史教学中，有很多材料和知识点可以运用该方法进行问题设计。教师通过设置认知矛盾，激发学生的探索兴趣，引导学生在对比中区别事物的本质，理清问题的内在逻辑和发展脉络，以强化对知识的掌握和运用。

（五）情景假设策略

情景假设法，就是选择一个特定的历史事件或人物，通过设置一个特定的历史情境，把学生带入到当时的社会环境中，通过假设某史实的存在或成败，来加深学生对于该史实的深层次理解，使他们经过独立思考，对知识融会贯通，从而提高解决问题的能力。

（六）联系实际策略

联系实际策略，就是指教师设计问题时依据社会现状和当下热点话题，把教材中枯燥无味的历史知识变得生动鲜活，从而激发学生的学习热情，引导学生从历史的高度看待问题。但此方法需要教师具备较强的课堂掌控能力，做到课堂氛围收放自如，才能充分发挥该方法的功能。

第三节　高中历史教学的时空观念

人类社会是在时间、空间两个维度中发展起来的。人类的文明也是在特定的具体的时间和空间中发展而来的。人类的文明程度逐步提高，对地理环境的利用范围也在不断地扩大和深化。所以无论对人类历史的哪一段进行研究，都不能忽视自然地理环境对人类文明的影响。地理为历史提供了舞台背景，历史事实与地理环境联系在一起才有意义。

历史的发展以时间为顺序，但与其发生的地理背景有着不可分割的联系。地理位置是历史发生发展的舞台，如果历史的发展以时间为纵深线索，那么，空间就是历史时发展的横切面。

空间概念与时代特征密切关联，这又强调了历史学科要注重时空结合。何为历史的时空观念？"时空观念是指对事物与特定时间及空间的联系进行观察、分析的观念"。[①] 历史

---

① 　蔡春：《高中历史教学中时空观念的培养》，载《扬州大学学报（2017年版）》第11页。

学科是一门广阔综合的社会学科，它叙述并分析人类曾经的轨迹与活动，涵盖了经济、文化、社会、科学技术等各个方面。历史学科知识具有既往性与连续性、多样性与规律性、历时性与共时性、阶段性与因果性的特点。总体而言，历史是以纵向的时间范畴、时间观念为主要逻辑顺序和横向的空间范畴、空间观念为主要逻辑顺序而发生发展的；由于历史发展水平和社会结构不同，因而产生的条件也不一样。时间这个尺度必须与空间等别的条件联系起来才有意义。因此，了解历史这门综合而又复杂的学科，必须将其置于历史的时间和地理的空间之关联中来思考，历史的记录与发生的地理背景有着不可分割的联系；任何历史事件都是发生在一定的时间和空间内的，历史不会独立于时间或空间。

只有结合历史事件发生的背景因素、具体的客观环境和历史地理观念，对其进行多层次、多视角的深入了解，做到以时间为结点将空间作为一个横向立体的铺陈，培养高中学生的时空思维，才能客观而全面地认识历史事件的因果联系、事件之间的前后相继，事件在当时的历史环境中发生的偶然性、必然性和特殊性。所以，要从时间和空间相结合的视角，为学生学习历史提供丰富的研究角度和广阔的思考空间，这有助于学生构建历史的空间概念。

一、高中历史教学时空观念培养的目标

时空观念作为高中历史学科核心素养的重要组成部分，需要历史教师不断地去努力提高自身的专业素养，帮助学生在历史时空中感受时空、在现实生活中体验时空、用历史的时空观念指导历史学习。具体到历史教学中有以下四个能力标准：

第一，辨别和理解。了解所学内容的历史分期方式，理解历史时期在时间上的前后相继。

第二，描述和解读。能够将史事置于历史的时空框架下，在具体的时间和地理条件下认识历史。

第三，区分和运用。区分和运用主要表现在：①能够区分不同历史时期的时代特征，例如，提到唐朝的时代特征，脑海中就会呈现出一幅繁荣开放的图画，提到清朝末期的时代特征会想到相应的历史；②能够确定所提供史料中的地理信息，并将这些地理信息与历史地图结合使用。

第四，研究和提高。研究和提高主要表现在：①能够在历史时空的框架下对史事进行独立探究，例如，在研究我国古代相关制度的演变时，应将某一制度放在当时的时空背景下研究；②能够准确运用历史的时间术语和分期方式对历史的发展独立地进行自己的论述；③能够运用正确的绘图方法绘制有关史事的历史地图或示意图，就目前而言，这一要求略有难度，但是具备这样的能力对高中生将来的学习和生活都助益良多，所以在教学中不能忽视。

二、高中历史教学时空观念培养的必要性

（一）切合历史学科的主要特征

历史学科属于人文社会科学，与其他学科相比，历史学科表现出综合性和整体性的特征。学习历史可以增加各种知识，拓宽视野，提高思维能力，吸纳优秀的中外文化。就历史知识的内容而言，它与地理、经济等学科知识的横向联系与密切配合，使历史与现实、时间与空间概念紧密结合起来，形成立体的知识结构。一方面，历史、地理、经济等学科都单独分科设置科目；另一方面，这些科目之间也紧密地融合在一起。就课程设置的发展趋势上而言，历史教师要关注综合性课程的开设，强调学科融合，以增强学生的分析能力、推理能力、问题解决能力，提高其综合素质。

社会学科知识的综合以历史、地理知识的整合最为关键，时间和空间是学生认识历史、学习历史、了解历史的基本要素，因此，时间观与空间观的形成对学生的发展是必不可少的，高中历史与其他相关课程必须承担该方面的教育和培养任务。

（二）适应历史教学的发展趋势

高中历史课程要求教学应在分析重大历史问题的基础上，揭示历史发展的整体性和规律性，注意历史课程与其他课程之间的联系，进一步提高学生的历史思维能力，注重学习过程与方法，培养学生的历史意识，学习用历史眼光看待问题。在高中历史教学中，历史学科和地理学科之间的融合最为显著，也最为广泛。实际上高中历史课本中的科际整合，已经超越了历史、地理知识整合的范畴，历史学科的独特性和整体性决定了历史学科和其他相关学科之间的紧密联系与相互融合。因此，高中历史教学必须重视学科间的整合和渗透，帮助学生构建历史时空观念，提高学生的综合思维能力、独立解决问题的能力以及人文素养等。因此，通过对时空观念的构建，可以促进学生终生长远的发展。

三、高中历史教学时空观念培养的策略

（一）引导学生构建全面立体的历史思维

1. 提升多学科素养，构建历史时空

历史时空观念的构建不是简单地列一个以时间为顺序的历史大事年表，也不是记住一些特殊的地理位置，在高中历史教学中培养学生的时空观念，就是要让其辅助我们更好地解读历史、解释历史、评价历史，进而形成正确的历史观，将历史时空观念转变成学习历

史知识的程序性知识。历史学科中的陈述性知识、程序性知识与策略性知识是紧密相连的，学习的最终目的在于运用获得的知识去解决各种问题。因此，从历史教育的目的和功能来看培养学生的时空观念有着举足轻重的作用。

历史是一门综合性学科，它包含着丰富且复杂的内容，历史教师应该讲好历史内容并担负起帮助学生构建历史时空观念的责任。

历史教师要不断地提升自身的师德素养、历史知识素养、能力素养、史学研究能力和健康的身心素养。随着课程改革的不断深入，教师的知识结构也应做出相应的调整和更新，这就要求历史教师具备精深的专业知识，特别是史学理论知识，因为在很大程度上，史学理论水平决定了对历史的理解能力和科研能力。历史教师要具备广博的文化基础知识和教育科学知识，因此，要多读专业研究期刊、史学名著、教育学、心理学、学科教学论、哲学、地理、生物等其他学科领域的书籍，做到文理渗透、中外渗透、古今渗透。

此外，高中地理教师还需要对学科间的知识进行关联式的组合，就是在原有的学科体系下，尽可能地联系其他学科的相关内容，使历史学科具备广阔的知识基础。高中地理教师对学科间的知识进行关联式的组合主要方法包括：①组合式的联系，即教师讲解两门以上的学科内容加以组合或联系，需要注意的是，被组合的学科要仍保持原有的体系或框架；②统合式，就是多门学科进行有机的、有本质联系的整合，而不是松散的、形式上的合并，是将相关学科合并为一个新的学科，用一个中心或者一种思想牵引起来，形成新的知识体系。

综上所述，在具备了广博的文化基础知识和教学能力后，会使历史教学课堂变得丰富而有内涵，这也有助于将与历史学科相关的各学科、各门类知识综合起来。下面以历史学科中历史地理知识为例进行阐述历史地理知识是关于历史时期自然环境变化及其与人类社会关系的知识，其核心是人地关系知识。所以我们必须注重学科间的整合和渗透，运用好历史地理知识帮助学生建立历史是时空的观念，提高学生的综合思维能力、独立解决问题的能力及人文素养等，促进学生终身、长远发展。在高中学历史教学的过程中，历史地理知识扮演着不可或缺的角色，它在学生了解历史事件发生的背景过程中、了解不同历史时期的地理环境状况的过程中起着辅助作用；能帮助学生更深刻地了解不同历史时期的国家疆域范围、行政区划及其沿革与发展；能促使学生了解各地地名的变迁状况；更有助于学生形成立体的历史空间观念。历史地理知识对高中历史教学的重要性主要表现在以下方面：

（1）有助于学生历史空间观念的形成。历史上的国家、地名、地理环境、疆域等的沿革变迁，历史事件发生的地点等都涉及空间概念的问题。对于学生而言，是否具有正确的空间观念，是学生学习和掌握历史知识的重要条件。

（2）有助于培养学生学习历史的兴趣。历史地理知识，特别是人文地理知识，贴近学生生活实际，如历史实物、遗址等，有条件的学校可以组织学生去实地参观学习，这可以激发学生学习历史的兴趣。

（3）有助于提高学生综合思维和解决问题的能力，历史地理知识是文科综合能力的重要载体，高中历史教师要重视历史地理知识的教授，以提高学生的综合思维能力和全局意识。

（4）有助于提升学生的人文素养。人文精神的培养是新课程改革中人文教育的重中之重，这在某种意义上也说明了历史课程的性质——普通高中历史课程，是用历史唯物主义观点阐释人类历史发展进程和规律，进一步培养和提高学生的历史意识、文化素质和人文素养，促进学生全面发展的一门基础课程。由此可见，促进学生人文素养的提升是高中历史教育的重要目标。

此外，历史地理知识还能帮助学生开阔视野，培养学生对自然、对生命、对祖国和人类的历史责任感，促进学生历史思维能力的发展。总而言之，历史地理知识因其自身的特点和优势，对于构建学生的历史时空观念而言是不可缺少的部分，其对高中历史教学的帮助和益处也是不言而喻的，对高中历史教学更是助益良多。

2. 利用多维度方法，培养历史思维

历史认识是对人类历史发展的宏观认识、中观认识与微观认识的结合。尽管在时空跨度上，在认识对象和认识目的上有所区别，但在认识方法上都离不开概括方法的运用。学习历史的思维中，归纳、综合、比较、抽象等方法，以及判断、分析、推理的过程，都是一种思维能力和历史观念形成的过程。讲授历史不仅要抓住当时的时空，还要在时空的时移世异中形成学生明确的时间观念和空间观念，在高中历史教学中，时空观念的培养尤为重要。

思维最显著的特点就是概括，思维能够揭示事物的本质和内在规律性的关系，主要来自抽象与概括的过程。历史思维是一种能够客观地、独立地解决历史问题的能力。历史思维是对人类社会进行考察时的认识方式，既不能脱离历史，也不能脱离现实，更不能脱离特定的历史时空条件。历史的形象思维主要包括感知、联想、想象等心理活动。

在一定程度上，历史的思维是一种想象的活动。历史思维是一种从全方位考察社会历史问题的思维，它是多角度、多侧面、多层次的整体思维，它的内容涵盖了历史的形象思维和历史的逻辑思维；这两者虽然侧重点有所不同，思维的方法也不尽相同，但在运用的过程中时常是交织在一起的。形象思维是逻辑思维的基础，没有历史的形象思维就难以展开历史的逻辑思维；而逻辑思维是形象思维得以正确操作的保证，没有历史的逻辑思维，历史的形象思维则难以定位和把握，这两方面思维能力的培养要结合起来。要想通过提高学生的历史思维能力而达到培养学生时空观念的目的，就要做到以下方面。

（1）教师要采用启发式教学，通过层层递进的引导，用史料作为微型的教学活动设计，在教学内容、教学方式、教学活动中体现高中历史教学的探究性，并进行有针对性的训练。总而言之，历史教师需要强化自身的历史思维能力，要善于将教科书中的每个专题重新整合，按照大的历史阶段组织，要时序清晰，而且要涵盖比较丰富的内容。

（2）学生要主动探索出适合自己的历史学习方法，新课程改革的理念是提倡教师转变教学方式，提倡学生主动探究，因此，对学习方法的探究也成为学生学习的重要组成部分，即多样的学习方法与学习视角，要以探究学习、感受性学习和问题解决式学习等学习方式为代表。因此，学生只有不断地尝试和运用不同的学习方法，或者将不同的学习方法运用到对同一历史现象、历史人物或历史事件的学习中，如此循序渐进地培养自己运用多元视角发展历史思维，才能提高时空观念的能力。

（3）于历史课程的功能而言，现代历史教育中必须渗透如全球意识、国际意识、多元意识、环境保护意识、整体意识、责任意识等，以及理解各个意识之间相互关系的课程理念。因此，我们需要不断地探究和选择历史教育的内容和方法，建构和整合历史知识体系。

历史思维能力的培养并没有固定的模式，但是一定要结合学生的年龄阶段特征和认识特点来发展历史思维、促进学生学习水平的提高并与已具备的认知能力相联系。在了解清楚这些关键要素之后，可以更好地帮助学生建立多元的历史时空观念。

（二）利用适宜的教学模式培养学生时空观念

1. 情景复现教学模式

从历史的发展进程而言，历史知识体现出因果性与阶段性。历史的阶段性可以帮助学生更好地了解历史发展的全貌；历史中的因果关系非常复杂，有一因一果、一因多果、多因多果、多因一果等情况都是存在的，这也体现了历史知识的多样性。因此，想要真正了解历史，应该最大限度地还原历史，明白历史的因果性与多样性是统一且互补的关系。但是，毕竟脱离了当时的时空条件，在高中历史教学中，如何帮助学生真切地感受历史，这就与历史教师的教学模式有很大的关联性，情景复现教学模式最能帮助教师在教学过程中尽可能的还原历史，让学生更好的理解历史。

在高中历史学科中，行政区划随着时代的不同而沿革；地名如人的姓名一样代表了不同的地理位置；而地名的更迭承载着当时当地的历史事实。不同的历史时期，在自然和社会的影响下，各区域形成了不同的文化。此外，高中历史课本中还涉及古代的都城、水系和海岸线的变迁、水利设施、经济发展、天文历法、文学作品、农学著作、科技进步、乐舞革新、数学建筑、绘画书法、人口迁移等，它们在历史长河中共同构成了真实的历史的时空。因为，任何历史事件的发生都不是凭空出现的，它总是和一定的时间和空间相联系，而地理环境也正是历史事件发生与历史人物活动的舞台。若脱离了当时的地理环境，就不可能了解那个时代真正的历史。在某种程度上地理环境是考察历史发展变化的重要因素之一，因此，地理环境是影响历史发展的重要因素。情境复现模式就是以创设历史情境为主要特点，其理论是学生的学习是通过情感活动和认知活动相互作用而不断发展的过程。

情景复现教学模式是通过对历史情景的模拟、复现和再造的过程，它的教学程序为：【制定目标，师生准备】——【创设情境，具体展示】——【深入情境，情感体验】——【分析理解，共同探究】——【归纳评论，总结转化】，要将前述程序应用到教学中。首先，要充分运用形象直观的史料，如历史上有代表性的铸型、同比缩小或放大的模型、图画、地图、图表等。不同的史料应有相应的展示方式，在展示和使用史料的同时要注重调动学生的情感和情绪，促使他们投入到学习活动中，进而拉近与真实历史的距离。其次，要适时地激发学生的想象力和表现力，鼓励学生主动参与并进行交流，还要在感受历史的过程中，关注迁移和转化，引导学生在体验和感受中进行判断和思考，透过历史的现象认识到历史的本质。最后，教师要提前做好学生的分工与合作，避免课堂混乱，在课堂上要调动全体学生的参与，还要注重控制和调节情景复现的过程与节奏。

虽然情境复现模式是最能帮助我们亲临其境的一种教学策略，但是在实际教学中，我们也要注重其与信息传递、资料研习、问题探究、社会考察等教学模式的交替、交织使用，因为各种教学模式都有其独特性，并且会产生一些变式。因此，在历史教学上并没有哪一种教学模式是绝对的主导模式，也没有哪一种模式是一成不变的，这就需要历史教师灵活运用各种教学模式并不断创新，保持其活力。在实际的教学过程中可以采用情景模拟、历史剧表演、角色扮演、直观演示等情境复现模式的"变式"来辅助教学，这些设计可以放在一节课中的某一环节，也可以用一整节课来体验，在这个过程中教师要特别注重与学生的交流和互动，更重要的是让学生在参与中感受历史的情境。由此可见，帮助学生创设一种"真实的情境"，有利于学生在历史的时空中理解时空。

2. 社会考察教学模式

唯有求真的历史教学才具有积极向上的教育意义，若失去了真实性，则历史课会失去其价值。无论在哪一个地区，作为一名高中历史教师都不能随意地将历史和现实联系起来，而应该在当地的资料里去研究找出最能体现时空观的史料来培养学生的时空观念。历史与现实需要联系，但切不可混同。在日常生活中体验时空，社会考察教学模式是最有效、最便捷的历史学习方式。社会考察教学模式是一种更加贴近社会、贴近生活、贴近实际并且能将历史的书本知识和社会实际联系起来的教学模式。

社会考察教学模式主要有实地观测、调查、访问、参观、考察等，在操作程序上主要由以下环节构成：确定主题，提出任务——制订方案，明确分工——选择场所，实地实施——搜集信息，加工整理——形成成果，交流总结。要想将这些程序应用到高中历史教学中，首先，要激发学生有走出课堂学习的兴趣，调动学生的积极性。社会考察活动要与书本知识相结合。其次，教师要注意观察，注重指导工作，解决随时出现的困难。最后，要注意学生活动时的分工与合作，提倡多样化的成果形式并进行交流。

无论哪一种教学模式的建立都需要长期的实践探索，每一种教学模式适用的范围与实现的目标都是有限的，不存在包含一切的教学模式。教学模式的核心是在有限的时间内促进学生的全面成长，因此，要在学法指导上，让学生体验多种学习的方式，在生活实践中感悟历史，以积累丰富的学习经验。在平时的课堂教学中，教师要以课程标准和教科书为中心，增强历史课程内容的时代性。

时代性是历史课程内容的重要特点，更是历史教育的生命。这有助于展现历史教育的生气与活力，发挥历史教育的功能与价值。因此，教师应根据所学内容多使用直观教具，多使用新增补进来的历史知识和资料，从而使学生获得更丰富的历史资料，并拉近历史与现实的距离，而且史料经过精心设计后还可以成为一种重要的探究途径。总而言之，在高中历史教学中培养学生的时空观念，要注重学生在现实生活中的体验和经验。不仅对学生的历史学习有帮助，更有助于学生掌握处理问题的能力和人生的长远发展。

综上所述，历史的时空观念在高中生的历史学习中起着程序性知识的作用，它不仅是一种有效的学习方式，也能提高高中历史课堂教学的有效性。在高中新课程中，已经在不同时期的历史专题探索中，融合了价值观的内容，如在经济史中涵盖了经济自由、多元共处、竞争合作等内容；在思想文化史中体现了思想自由、尊严、宽容、仁爱等。以上这些价值观的内容紧密地融合在历史教材中，这些价值观对学生的成长发展有着密切相关的关系，它们的形成需要教师超越当前的传统教学，更多地体验、实践和反思是促进其形成的基础。

教师在教学中帮助学生构建全面的、立体的时空观念，学生在学习历史的过程中形成有效的时空观念体系，能从根本上提高学习效率，促进学生的认识发展。通过时空观念指导高中历史课程的学习，能帮助学生了解人类社会发展的基本脉络，总结历史经验教训，继承前人优秀的文化遗产，弘扬优秀精神，学会从历史的角度去了解和思考人和人之间、人和社会之间以及人和自然之间的关系，进而关注我国人民及全人类的历史命运，达到"究天人之际"的人生境界。

第四节　高中历史教学的核心素养

一、高中历史教学核心素养的要素与特征

（一）高中历史教学核心素养的要素

1. 核心素养要素的内容

关于历史学科核心素养的不同表述有：①历史学科素养是历史课程的总目标，是学生发展核心素养在历史课程学习中的具体体现，学生在历史学习中获知的关键能力和个人修养品质，是知识与能力、过程与方法、情感态度与价值观等方面的综合体现。②"核心历史知识应包括时间知识、空间知识、人物知识、史观知识；历史核心能力包括运用时空知识准确表达历史能力、理解历史的能力、解释历史的能力和运用史料的能力；历史核心态度主要包括对自身态度、对国家和社会的态度"① 等。

总体而言，虽然我国的教育研究者对于历史学科核心素养培养目标各有侧重，但是培养的方向基本一致，都强调培养学生的空间思维能力；都强调学生的史料运用能力，主张收集史料、辨别史料、分析史料、解释史料、对史料做出评价和形成正确的史观；都强调高中生的历史认同感，包括家国情怀、国际意识、正确的历史价值观等。我国历史教育家综合国内研究成果，结合历史学科特点，整合三维目标，最终提炼出高中生应具备的能力和关键品格，并将其凝练为五大历史学科核心素养，具体如下：

（1）唯物史观。唯物史观是正确揭示人类社会发展规律重要的历史观和方法论，对于认识人类历史具有至关重要的作用，能够指导历史学习者和研究者从显性的历史表象中揭示隐性的历史本质。唯物史观使历史成为一门记录人类数千年不断演进的历史过程和客观解释历史事件发生的因果关系的学科。史学家只有在唯物史观的指导下，才能够对收集到的史料进行科学的分析、做出合理的解释，才能使历史的描述更加接近本真的历史，从而发现历史发展的规律。

高中历史学科在唯物史观素养方面对学生的要求为：学生能够基本掌握马克思主义唯物史观，能够正确理解历史发展的客观规律，逐步学会在唯物史观的指导下对历史人物和历史事件进行系统的分析和客观的评价，在生活中，能够客观地看待社会现象，积极面对人生。

---

① 张旭梅：《高中历史教学中核心素养的培养》，载《海南师范大学（2017年版）》，第5页。

（2）时空观念。时空观念是将历史研究对象置于特定的时间、空间和地理条件之下进行观察、对比、分析的观念。时空性是历史学科具有的最本质、最显著的特性，任何历史现象的产生都与当时的时代背景和独特的地理条件有着必然的联系，只有在特定的时空观念之下，才能够对史实做出正确的解释。

新历史课程标准对于高中生历史时空观念培养的要求为：①通过特定的历史时空，考查学生获取材料信息、分析问题的能力，高中生要明白一切历史现象的出现都与当时特定的时代背景和地理条件有着千丝万缕的联系，学会按照历史现象产生的时空背景和地理环境等要素，将前后依次出现的历史事件、历史人物关联起来，通过客观的分析和理解，做出合理的叙述；②通过特定的历史背景，考查历史空间观念，在观察社会现象时，能够主动置身于特定的时空下去理解、分析，做出合理的评价。

（3）史料实证。史料实证是指基于对文物、墓葬、文献、遗迹等的研究，不断获取到丰富的史料并对其进行分析，努力还原真实历史的态度和方法。在透过历史表象探寻人类历史发展本原的过程中，拥有丰富的史料是其首要条件，然后运用唯物史观对经过长期挖掘、收集、整理到的史料进行分析，做出符合历史发展规律的合理解释。在这一认识过程中必然要求对史料进行实证，对已有的史料进行真伪的分辨和价值的判断。在评价历史人物、历史现象时要将史料作为重要论据，也需要基于史料实证方法辨别真伪。因此，无论从历史本身而言，还是从历史教育价值取向而言，史料实证都应该作为高中应必备的学科核心素养之一。

在高中阶段历史课程的学习中，高中生应达到的时空观念目标为：认识到史料是一切历史认识的来源，能够掌握收集史料的多种途径，学会对史料去伪存真，从史料中提取核心信息，判断史料的价值，逐步形成史料实证意识，学会运用实证精神对待历史与现实问题。

（4）历史解释。历史解释是以丰富的史料为基石，以科学的史料实证为保障，以符合社会发展规律的对历史现象的正确理解为依据，从而对历史现象、历史人物做出准确分析和正确评价的研究态度和方法。从历史认识论这一层次而言，历史是指过去发生的一切，历史研究的独特性就在于历史研究者永远无法直面历史本身。无论历史遗留下的化石、文献、文物、历史遗迹、社会风俗等史料多么丰富，但是史料本身并不能说话，不能形成一个完整的体系。为了使历史描述更接近历史本身，史学家必须对史料进行收集、分析、整合，客观地理解历史事件，发现历史人物与历史事件、历史现象间的因果联系，总结历史发展客观规律。

我国部分地区对高中生历史现象的解释能力做了规定，内容为：具备对历史现象发生的各种因果联系做出合理解释的能力；能对历史事件、历史现象做出客观的评价；能够明白同一历史事件会有不同的解释，并能深刻地分析各类历史解释存在合理性和局限性。借鉴国内外历史解释的培养目标要求。可以将历史解释的培养目标定为：通过历史课程的学习，学生能够客观地认识到同一历史事件会有多种甚至不乏彼此互相违背的历史解释，能够通过自己对史实的掌握对各种历史解释的合理性做出判断和评价，能够有理有据地对历史人物、历史事件进行叙述和做出自己的评价，并能通过历史表象发现历史事物间的因果联系，在全面、客观的视角下看待历史与现实问题。

（5）家国情怀。家国情怀是认识历史、探究历史、评价历史人物时应具备的浓厚的爱国主义精神和社会责任感。高中生在历史学习和探究中，应充满人文情怀和价值关怀，了解中国古代、近代、现代的发展历程，从历史的角度分析当今国家发展局势，产生对国家的热爱之情；在学习中国古代历史长期的碰撞与交融过程中，认识到在保留各民族特色的基础上中华民族最终走向统一是历史发展的必然趋势，理解各民族的文化、风俗都是中华民族文化不可或缺的艺术瑰宝，尊重各民族文化的独特性，逐步增强民族凝聚力，发扬传统文化的精髓；形成高尚的道德，理解并认同国家倡导的价值观念，树立健康积极的人生态度；着眼于国际问题，尊重世界文化的多元化。

2. 核心素养要素间的关系

历史学科五大核心素养是一个互相联系、不可分割的整体。唯物史观居于核心理论地位，是五大历史学科核心素养的精髓，作为探寻历史本质、寻求历史发展规律、总结历史发展经验、评价历史事件的指导思想。时空观念居于核心方法地位，是认识历史所必备的重要能力，是高中学生形成完整的知识结构最基本的依据；史料实证居于核心方法地位，为进一步对史料进行理解和解释提供可靠的依据；历史解释居于核心能力地位，是对真实史料通过史料实证的方法形成历史理解，对历史做出的描述和评价，是考查高中生历史观的重要指标；家国情怀居于核心价值观地位，是学生通过历史知识的学习在思维、情感态度、价值观等方面的重要体验，是学习历史的最终归宿，也是历史本质的回归。

学生在完成学业之后，历史学科主要能让学生终身受益的就是学习过程中不断培养、塑造起来的历史核心素养。唯物史观是他们探究社会的指导思想，时空观念让他们学会在具体的时空下观察社会，史料实证观念能让他们具有实证和理性精神，历史解释能让他们学会从宏观的、相互联系的、发展的视角去观察社会，看待社会问题，评价社会现象。家国情怀最终能够帮助学生在社会实践中体会历史学科教育赋予人的真正价值。

（二）高中历史教学核心素养的特征

五大历史学科核心素养是将国家倡导的核心素养与历史的本质特征相结合之后从中提取的最基础、最精髓、最核心的要素，是每一名高中生都应具备的核心素养，关乎学生的升学、就业及终身的发展。高中历史教学核心素养的特征如图2-4所示。

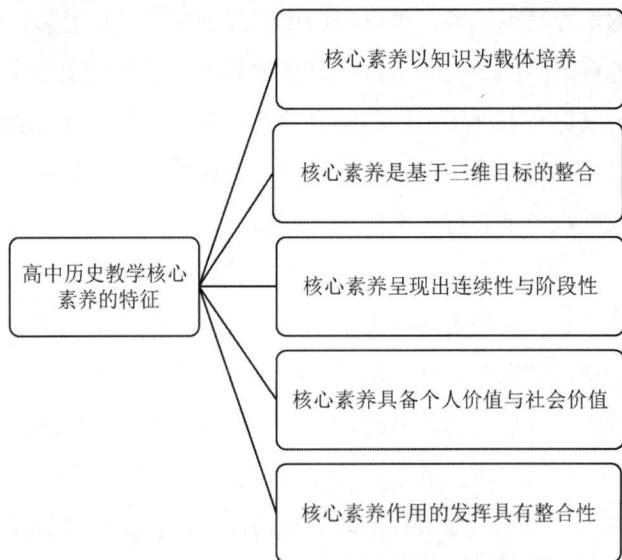

图 2-4　高中历史教学核心素养的特征

1. 核心素养以知识为载体培养

教育是指将一切已学过的东西都遗忘后遗留下来的东西。对于高中历史课程学习而言，学生最容易遗忘的就是历史知识，而保留下来的就是自身所具备的历史学科核心素养。历史学科核心素养的形成是通过学习获得的，知识是一切信息的传递、能力提高和情感体验的基点，任何教育活动的开展都要以知识为载体。高中历史课程教育应该把教学科知识转变为通过教知识培养核心素养，以历史知识为载体，以历史教学活动为有效途径，通过对知识的获得、加工和处理，逐渐积累、消化、吸收，升级为高中生的历史学科核心素养。

2. 核心素养是基于三维目标的整合

历史学科核心素养是基于历史教学目标中知识与技能、过程与方法、情感态度与价值观进行整合和提炼而形成的，把知识与技能、过程与方法整合为关键能力，把情感态度与价值观提炼为必备品格，构成教学目标的有机统一。与三维目标相比，高中历史学科核心素养是历史学科与核心素养的有机整合，是历史学科教育在深度和内涵上的不断提升，进一步展现以人为本的教学理念，实现了教育对人的培养的最高要求，做到教育对人性本质的真正回归。因此，历史学科核心素养的形成不只是单独的学科知识的传递，更注重学生自主学习能力的提升和主动探究意识的增强。

3. 核心素养呈现出连续性与阶段性

一方面，历史学科核心素养的培养过程是学生在历史学科课程连续性的学习中不断地拓展、深化的过程；另一方面，在不同的教育阶段，历史学科核心素养各个构成要素培养的侧重点各有不同，不同的教育阶段对于各核心素养构成要素的培养方式也有所不同，历史学科核心素养展现出明显的、突出的阶段性特征。

4. 核心素养具备个人价值与社会价值

"素养"对于高中学生的发展而言早已突破了职业和学校的范畴，历史核心素养的培养不仅仅是为了学生现阶段的升学和就业，更是为未来的发展奠定坚实的基础，最终把学生培养成为一个高素质的人才。学生离开校园以后，运用历史核心素养和知识与技能可以为社会做出应有的贡献，满足国家对于高素质人才的需要，并自觉地服从社会利益，促进社会的发展，实现核心素养的社会价值。个体的学习、生存、娱乐和工作也要依赖社会的发展：其一，个体通过奋斗获得社会的回馈与尊重；其二，只有全民道德素质的提高，社会才能和谐安定，个人才能得到更好的发展，这是核心素养的社会价值反作用于个人的体现。

5. 核心素养作用的发挥具有整合性

历史学科核心素养各构成要素彼此间没有主次之分、没有轻重，都具有举足轻重的作用，因此，教师教学活动中需要基于情境对各构成要素进行整合，使这五大核心要素相互配合、均衡发展、共同作用，最终对学生的升学、可持续发展、终身发展发挥至关重要的作用。核心素养整合性作用的发挥不仅是指历史教育活动中，历史学科核心素养各构成要素的培养具有系统性和整体性，也揭示了各核心要素在实践运用中，彼此相互协调、相互配合、相互促进，共同发挥作用。

二、高中历史教学核心素养的培养策略

高中历史教学核心素养的培养策略如图 2-5 所示。

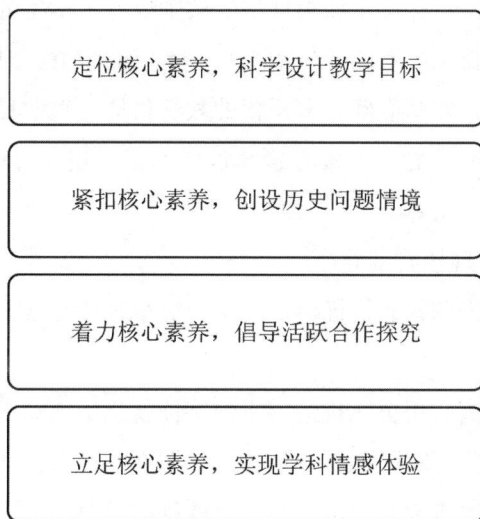

定位核心素养，科学设计教学目标

紧扣核心素养，创设历史问题情境

着力核心素养，倡导活跃合作探究

立足核心素养，实现学科情感体验

图 2-5　高中历史教学核心素养的培养策略

（一）定位核心素养，科学设计教学目标

一切教学活动的实施都要以教师设计的教学目标为出发点，因此，应该以高中历史学科核心素养培养为宗旨设计课堂教学目标：首先，教师必须研读学科核心素养的概念和内涵，明确各构成要素之间的关联，精准定位课程标准对历史学科核心素养的培养要求；其次，教师在制定教学目标的过程中，必须深入了解所在班级学生的认知水平和学情，依据所得到的结果和学生多方面的差异性，结合本课的知识体系，确定合理的教学目标；最后，教师应深刻认识到高中生历史学科核心素养的培养不是一蹴而就的，而是与学生的性格、心理发展变化、年龄发展特征和认知水平相适应的一个循序渐进的、逐步深化的过程。

1. 依据课标学情，涵盖核心素养

高中历史学科核心素养是一切历史课堂教学活动活的精髓。随着历史学科核心素养理念的产生，新课程标准制定的依据从之前的注重历史知识体系转向"以人为本"的教学理念。当前，以培养学生历史学科核心素养为核心目标的新版《普通高中历史课程标准》代替传统的课程标准，成为最新指导教学的指南针，它统领着教学内容的编排、教科书和教参的编写、课程多少的选择、教学难易程度的要求，所涉及的都是历史课堂教学目标应该整体、全面考虑的对象。学生历史学科核心素养的培养也不能脱离合理教学目标的设定，离开了知识这一载体和教学活动这一必要途径，高尚品格和关键能力的培养也将成为空中楼阁，因此，依据课程标准设计教学目标是促进高中学生历史学科核心素养形成的关键。

在教学目标中，高中历史教师应更加注重学生的发展需求。新课程标准要求展现学生是学习的主人的原则。教学目标源于需求评估。教师要基于学生的学情、学科知识结构的掌握和认知水平制定教学目标。不同的认知水平、不同的学情，对于学生历史学科核心素养的培养要求也大不相同，教师应确立多样化的教学目标。教学目标的确立只有跟学生认知水平相适应，才能够保证历史学科核心素养目标真正展现在每一个学生的学习目标中，做到真正定位历史学科核心素养。

2. 明确核心目标，体现核心素养

教学目标的确立，应强调核心目标，从高中历史学科核心素养出发并贯穿于整个历史课堂教学目标中。

第一个核心目标是求真。历史学科最突出的特征就是历史的求真。教师在设计教学目标时，应明确学生学会收集资料，能够尊重历史，用史实说话，从不同的角度、不同的维度去分析、客观评价历史等方面的要求。在历史课程的学习中，高中生要学会通过多种渠道收集资料，构建自己的论据，对历史事件按照时间顺序和内在逻辑进行分析、比较和总结，做出自己的理解和解释，从而提升自己的史料实证和历史解释能力。

第二个核心目标是逐步学会历史学习方法。在历史学科核心素养中，唯物史观处于首位，学生应先明确唯物史观的基本方法和内容，正确理解唯物史观是科学的、正确的历史观，不断地积累唯物史观的基本方法并能够灵活地运用于分析、处理历史与现实问题。在史料实证培养目标中要求学生能够了解史料收集的多种渠道，掌握史料收集的基本方法，能够对史料加以辨别并做出解释和评价。

第三个核心目标是培养正确的家国情怀。高中学习阶段是学生获得情感体验和培养价值观的重要阶段，所以应强化对高中生情感体验和价值观的培养，培养学生的爱国情感和了解国际局势的兴趣，从历史的发展历程中发掘智慧和总结经验，把高中生培养成为具有高尚的品德和深厚人文底蕴的人才。运用好的知识去培养好的人所阐释的就是要用历史所富有的独特的家国情怀去武装学生的头脑；好的人就是指把学生培养成一个有素质、有理想、有道德的公民。总的来说，教学目标的设计必须明确核心目标，体现核心素养。

3. 确立层次目标，展现核心素养

如果目标过于抽象空洞，不仅会使教师本人在开展教学活动中无从下手，学生也会在学习中感到困惑、疲劳，教学目标也就起不到应有的作用。因此，历史教学目标的设计要细化，确立分段目标，确保目标在课堂中具备可操作性，以便于落实核心素养培养目标。从整体上而言，教学目标是由各分层加以整合而成的一套目标体系，因此，应注意整体与分层相结合，既要在整体的统领下制定分层目标，又要在分层的目标中逐一实现教学目标，落实核心素养培养目标。从纵向上一般将历史教学目标划分为由高到低三个层次，具体如下：

（1）第一层次为课程目标，即将传统的三维目标经过提炼整合而成的高中学生应该具备的关键能力和必备品格，也就是历史学科核心素养，它作为第一层次目标对其他层次起着统领作用，其他层次目标是它的具体分类和实施方式。

（2）第二层次为模块目标，新历史课程标准有必修、选修1、选修2三类课程，在这一层次目标中，历史知识体系有了具体的划分和重新整合。历史必修课程是公共基础课，设一个模块为"中外历史纲要"，旨在揭示人类社会发展的基本历程，每一名高中生都应该修满该课程学分。高中生应该在必修课程中理解时空条件下历史的变迁，掌握史料实证的基本方法，在此基础上对社会的发展历程做出正确的理解和解释。选修1课程设三个模块，分别为"国家制度与社会治理""经济与社会生活变迁""文化交流与传承的历程"，各模块的结构由若干学习专题构成，在专题下的具体目标则依照时间顺序编撰，引领学生从经济、社会生活等方面进一步对世界历史有一个更加全面、系统的了解。选修2课程包括国家课程和校本课程。国家课程包括两个模块，分别为"史学入门""史料研读"，主要目标是培养学生的历史学习能力和史料实证、历史解释素养。校本课程依据编订主要是为了增加学习的趣味性，增强学生的求知欲和体现学校的教育理念，培养家国情怀。

（3）第三层次为课时目标，是前面层次目标的具体化，是高中生历史学科核心素养培养的落脚点。教师要着眼于整体目标，合理分解层次目标，把握主题目标这条主线，结合本课知识特点，把历史核心素养的培养目标最终融入本课目标中。

教育目标设计不只针对历史学科知识分层，还要依据学生学习水平差异进行分层设计。在以往的历史教学中，很多历史教师忽视了学生个体认知水平差异性和性格的多样性，只设计一个课堂教学目标。在课堂教学中，要求不同等级的学生达到相同的预期目标是没有合理性的，难以保证历史学科核心素养的培养落实到个体的具体学习任务中，因此，教学目标应该根据学生的历史知识基础、性格特征和认知水平之间的差异，由易到难、由浅显到深奥分层设计。这样设计历史课堂教学目标，才能使历史学科核心素养目标落实到每个个体，从而使每个学生都能获得最完美的发展，在学习中收获成就感。

4. 加强目标监控，优化核心素养

加强目标的监控是优化核心素养培养方式的重要推力。因为高中历史课堂教学目标是为了使历史教学更有效地进行，更好地促进高中生历史学科核心素养的形成。历史教学目标监控的结果是一种信息反馈，可以了解各方面的情况，可以判断教学目标设计的合理性和缺陷、矛盾和问题、长处与特色，为调节教学目标使教学能够始终有效进行提供了依据，为高中生的学习提供导向作用。因此，历史教学目标的监控将推动历史教学工作者不断努力地完善自己的教学设计，从而更好地完成教学任务，优化高中历史学科核心素养的培养方式。

（1）目标导入，强化学生的历史学科核心素养。在非常明确的目标引导下，高中生已经具备了自主学习的能力，能够主动排除学习的无目的性，自觉地将注意力投入到学习中，学习兴趣也会增强，所以目标的导入，可以强化学生的历史学科核心素养自觉培养意识。教师可以利用导学案、小白板、多媒体等教学资源，明确教学目标，增强学生历史学科核心素养自觉培养意识。在时机上，教师可以在课前预习时给出，也可以在教学活动展开时给出教学目标，还可以在本课内容学习结束以后，通过总结再次强化教学目标，以考查核心素养培养成效。

（2）及时调整目标，检测学生历史学科核心素养形成。教学目标可以依据学生的水平适当地做出调整。在教学过程中，教师应通过参与学生的合作探究和课时跟踪监测等方式，及时获取学生的学习情况，检测学生的学科核心素养，不断对教学目标做出调整，以适应学生的实际认知水平。在课堂教学活动结束以后，教师也可以设计与教学内容相关的话题，引导学生进行合作探究，让学生收集资料、分析评价并做出自己的解释。这样，无论是在课堂学习还是课下复习巩固中，学生都能够明确学习任务，同时教师也能有效地检测到学生核心素养的形成情况，并为下一阶段、更深层次的历史学科核心素养培养奠定良好的基础。

良好的教学目标的确定对于高中生历史学科核心素养的培养起着决定性的作用，历史学科核心素养培养应以教学目标设计为出发点。科学合理的教学目标是其他培养策略的指路明灯，没有它，其他的培养策略就找不到方向和归宿，只有在科学合理教学目标的指引下才能更好地运用其他培养策略。

（二）紧扣核心素养，创设历史问题情境

高中历史教师要运用历史细节、故事、图片、人物和史料的典型性特点创设情境，紧扣核心素养培养目标，提出有关问题，引导学生在独特的历史氛围中学习历史、探知历史，调动学生的学习的积极性，激活思维，激发内在潜能，从而提升其历史学科核心素养。

1. 巧妙创设问题情境，高效率培养核心素养

教师在创设问题情境时应达到两个层次的目标：一是创设巧妙的问题情境，引导学生增强求知欲，提升学习动力；二是巧妙地引导学生思考，激发学生的思维，使学生逐步掌握合理运用思维的方法，能够跳出问题情境，达到良好的学习效果。教师问题情境的设计只有达到以上两个层次的目标，才能高效地培养学生的历史学科核心素养，具体如下：

（1）在知识迁移处创设问题情境。教师可以借助学生已有的知识设置新情境，启发学生的分解、比较、推理、联想、转换及重组等思维活动，寻找出解决问题的关键点，掌握知识的实质，行之有效地培养学生的历史学科核心素养。

（2）在学生知识的模糊处创设问题情境。很多高中生容易在自主学习的过程中出现囫囵吞枣的问题，对历史基础知识掌握不够扎实。对此，教师要针对知识模糊处创设问题情境，抓准切入点，使学生的短板暴露出来，然后对症下药，因材施教。

（3）在学生思维的死角创设问题情境。经过一段时间的学习，学生就会形成学习的固定模式和思维定式，自身很难再突破常规，因此，高中历史教师要抓住学生思维的死角创设问题情境，开拓学生的思维，指导学生一步步推敲，最终使学生获得多角度分析问题的能力，帮助学生提升历史学科核心素养。

2. 创设多元问题情境，多角度培养核心素养

（1）运用实物、图片创设问题情境，着重培养时空观念素养。任何历史事物都不能脱离特定的历史时空，历史的研究者和历史学科的学习者都应该主动地将史事放在特定的时空中去研究、探索并做出合理的历史解释。因此，高中历史教师应采用适当的图片设计问

题情境，着重提高高中生的时空观念。以"夏、商、西周的政治制度"对比为例，可以通过在多媒体上清晰地展示《大禹治水图》和《戴冠冕的夏禹》两幅画片，教师由浅入深提出一些问题："这两幅图片中所描绘的分别是哪位历史人物？两幅画片中的人在穿着、头上的装饰、手中拿的器物以及人物的神态等方面有何不同？你认为夏禹的地位发生了哪些变化？这种变化反映的实质是怎样的？"通过这一连串的问题，把学生带入到特定的时空中，使学生能够很快地抓住问题的突破点，找到图片中的关键信息，展开思维活动，突破知识难点，寻找解决问题的方法，形成自己的认识。

对于一些学生理解起来较为困难的问题，例如，由部落到国家的演变，由王位世袭制到禅让制、家天下取代公天下是历史发展的必然结果等，都能够通过这两幅图片背后隐藏的历史信息得以解答。通过两幅画片的对比，学生进入到特定的历史时空中，能够自觉地产生时空观念的意识，在逐步的学习中学会主动地将史实带入到特定的时空中去分析和解释历史问题，从而达到新历史课程标准要求，实现时空观念培养目标。

（2）运用文献史料创设问题情境，着重培养史料实证素养。历史是一门强调以史料分析为依据的、以史论结合为特征的人文科学。历史教师应筛选出具有代表性、典型性、能反映历史本质的文献史料创设问题情境，引导高中生学会从多个维度、站在同一时代不同阶层的立场上去分析历史大背景，培养学生的史料实证素养。

（3）通过角色的扮演创设问题情境，着重培养历史解释素养。教师可以让学生角色扮演创设问题情境，使学生在情境中，加深对历史事件的理解，提高历史解释能力。

（4）通过联系现实创设问题情境，着重引导学生进行情感体验。历史教师可以在历史课堂活动中，联系当今世界，注重高中生的情感体验，培养高中生的爱国情怀。

（三）着力核心素养，倡导活跃合作探究

合作探究学习就是从高中历史学科知识或社会生活中寻求素材创设问题情境，通过师生、小组成员之间相互讨论、合作、辩论等方式寻求解决问题办法的一种教学模式。合作探究学习对于学生自觉性和积极性的调动有不可替代的作用，对于提高历史教学效率和促进历史学科核心素养的形成具有重要的意义。教师应当努力寻求适合开展合作探究的时机，充分发挥学生主动性，按照一定的程序开展教学活动，提高学生历史学科核心素养。

1. 遵循合作探究主要原则，强化核心素养目标

新历史课程标准着重强调合作探究教学模式，同时合作探究教学模式的成功与否也是检验新课改成效的标准之一。为了实现学生历史学科核心素养的培养目标，在实施合作探究的过程中，必须遵循学生主体与教师主导相结合、基于现有认知水平开展合作探究、历史内容与情境选择相适应等原则。

（1）坚持学生主体与教师主导相结合的原则，强化核心素养。历史学科核心素养的培养是在自主合作探究学习中，学生以知识为载体开拓思维、体验情感和培养自主创新能力的过程，而不是在教师分门别类的知识的灌输中简单地获得教师思维的模仿，因此，历史课堂教学必须坚持学生主体与教师主导相结合的原则。在高中历史课堂的合作探究学习中，既强调学生的主体地位，注重学生是学习的主人，又主张教师做好思维的引导者、合作探究的组织者、学习结果的诊断者，发挥主导作用，充分地开发学生思维潜能，促进学生历史学科核心素养的形成。

在合作探究中，遵循学生主体和教师主导相结合的原则，发挥好两者的作用，教师首先要做好"六导"工作：①运用历史知识的魅力、新旧知识的碰撞、富含理性的推理和与现实生活联系紧密的事情设置疑问，引发学生思维活动，激发学习动机，做学生学习的诱导者；②指导学生努力探寻问题解决途径，发挥联想，探寻新思路，做学生学习的指导者；③采取多样化的方式，引导学生学会思考，开拓学生的思维，做学生学习的引导者；④对学生学习的思维障碍进行疏导，做学生学习的疏导者；⑤根据学生的差异性对学生进行个别辅导，做学生学习的辅助者；⑥根据历史学科的人文性特征，积极倡导学生人文情怀、正确历史观和唯物史观的培养，做学生的引路人。其次教师应该尊重和相信学生，信任学生有独立完成学习任务和组织自主合作探究的能力，尊重个体之间的差异性，根据学生的差异性特征，分配学习任务，使每一个学生都能参与到合作探究活动中，尊重学生的创造性，激发学生的潜能，鼓励学生创造性思维的发展。只有学生主体与教师的主导作用相结合，才能真正强化历史学科核心素养。

（2）依据学生已有知识与能力开展合作探究的原则，强化核心素养。在合作探究活动中，教师应该处理好班级学生因知识、能力与智力等因素，可能出现与课程标准对于历史学科核心素养培养要求相脱节的矛盾。如果不能认清矛盾从而很好地解决矛盾，就会导致学生的知识迁移和核心素养的培养陷入误区。如果合作探究问题的设置过于简单，就无法达到预期的历史学科核心素养目标，如果合作探究问题的设置过难，就会超出学生认知水平，学生学习困难，就会失去学习兴趣，历史学科核心素养培养也成为不可翻越的高峰。因此，应准确把握新历史课程标准对历史学科核心素养的培养要求，依据学生已有知识与能力开展合作探究。

（3）遵循历史内容与情境选择相适应的原则，强化核心素养。在有限的历史课堂教学活动中，教师只有遵循内容与情境相适应的原则实施合作探究模式，才能发挥合作探究模式最有效的功能，使历史学科核心素养的培养达到最佳效果。针对相对简单的知识点，教师应采用讲述法，而针对课标要求层次较高又是本课重难点且能够激发学生情感的内容，可以选用合作探究模式，这样既能够保证教学任务按时完成，还能抓住有利的时机，开展合作探究活动，有效培养学生的历史学科核心素养。在合作探究的过程中，历史教师应注意情境选择与历史内容相适应的原则，采用合适的教法，选用适当的情境，加深学生对知识的理解，促进学生历史学科知识结构的自动生成，培养高中生的历史学科核心素养。

2. 依据程序开展合作探究，落实核心素养培养

（1）创设情境，提出问题。开展合作探究要与创设问题情境相结合起来，问题情境的创设是有序实施合作探究活动的基础和准备。创设问题情境主要是为了创造一种特定的历史情境，使课堂有一种历史再现感，以激发学生探究问题的积极性和创造性，挖掘学生的潜能，激发学生在情境中快速高效地理解历史事件，通过分析和加工，形成自己的历史解释并能准确地表达出来，培养历史学科核心素养。在创设问题情境时，教师要提出与本课教学内容密切相关且容易引发学生质疑的问题，引导学生通过多种途径收集史料，学会判断史料的真伪和价值，从史料中提取有效的信息进行分析，在唯物史观的指导下对史料做出解释，为下一环节的开展做好准备，培养学生的历史实证、历史解释和唯物史观核心素养。

（2）分组探究，交流合作。分组探究，交流合作是合作最重要的环节，也是培养学生历史学科核心素养的核心环节。在班级授课的模式下，通常以小组的形式开展合作探究。合理的分组是有序开展合作探究的前提，也是培养历史学科核心素养的有效保障。合理的分组应注意以下方面：

第一，每个小组人数应在4~6人之间，这样的人数限定是为了保证每一名学生都能获得参与合作探究的机会，人太多不能充分展现学生的个性发展；人太少不利于学生思想的碰撞，不利于有效地培养学科核心素养。

第二，小组人员内部组合和班级分组要采取同组异质和异组同质的原则。"同组异质"原则是指同一小组内部，小组成员的知识结构、兴趣特长、课堂表现等要充分体现出一定的差异性，这样才能够在互帮互助、互相学习、互相激励中共同培养历史学科核心素养，形成优势互补。所谓"异组同质"指的是各小组的综合水平应处于同一层次，确保各小组都处在同一起跑线上，激发学生集体竞争意识。在这两大原则下分配小组成员既能确保各小组实力相当，做到公平公正，又能体现学生的差异性，发挥各自的优点；既能够确保核心素养的目标培养落实到每一个孩子身上，还能展现学生个体的差异性，发挥各自的优势。

第三，每位成员都应该有明确的学习任务和分工，并定期更换小组之间的成员和角色。每个小组内部小组组长、观点记录员、资料收集员、发言人都应有指定的人员，当小组长能够培养组织、管理能力，当记录员能够培养概括总结能力，当资料收集员可以培养史料实证和历史解释能力，当发言人能培养语言组织能力、学会运用唯物史观分析问题的

能力。小组成员间各有明确分工又相互配合，又能培养集体合作意识。定期更换小组之间的成员和角色，是为了确保每个学生都能体验各种角色，培养各方面的历史学科核心素养，促进五大核心素养的均衡发展。

各小组在明确问题和职责之后，从各种渠道收集资料，并能够在收集到的史料中学会相互验证，辨别史料的真伪，培养史料实证意识与能力，然后对史料进行整理、分析，并形成各自的观点。小组内部对各自观点进行交流、对问题的难点进行分析、讨论，逐步突破，对相互对立的观点进行辩论，取长补短，听取他人的意见，加深对新知识的理解和认识，在交流过程中逐步接近历史的真相，对问题形成系统、科学、全面的认识，促进历史理解和历史解释素养的形成。最后小组内部形成代表性的意见，发言人发言，阐述本小组的观点，教师可以根据学生的发言引导学生运用唯物史观分析问题，透过历史的表象看到历史的本质，正确评价历史人物，认识历史发展规律，寻找情感共鸣，激发爱国情感和责任意识，培养家国情怀。学生既能增强学生自主思维的能力又能掌握在合作交流中学会学习的方法，综合促进历史学科核心素养的形成。

（3）答疑解惑，评价概括。答疑解惑、评价概括环节是合作探究的高潮。在上一环节中，经过小组内部问题的合作探究，大部分的问题已经得到解决，但是受学生认知水平的制约，有些问题理解可能不够透彻，这就需要教师针对学生的疑惑点，开展答疑解惑，进一步提高历史学科核心素养。在总结中，教师要指导学生在合作探究中学会掌握基本的讨论方法和技巧，引导学生学会倾听和表达，在合作中学会与他人分享收获的喜悦。在学习的过程中，不仅仅要掌握历史知识，还要形成正确的价值观。所以在答疑解惑之后，教师要针对整个问题的讨论进行客观的评价，帮助学生形成正确的历史价值观。

（4）反馈巩固，消化吸收。在讨论、总结、评价之后，教师还应该深入学生中和学生平等交流，听取学生的反馈信息，解决个别学生的困惑，确保历史学科核心素养的培养落实到每个学生。经过师生之间讨论交流，学生真切地参与到知识的认识过程中，在潜移默化中开拓思维，情感在无形中得到升华，提高了自身的历史学科核心素养。

学生学习历史知识和培养历史学科核心素养是为自身的发展服务。学生想获得更好的发展，必须反复练习对学习效果产生强化作用，在不断强化中对自己学到的概念、历史学习方法加以巩固，进一步提高自己的能力，促进历史学科核心素养的形成。

（四）立足核心素养，实现学科情感体验

高中生历史学科核心素养的培养不只是简单地要求历史基础知识的获得和历史知识结构的构架，更注重以知识为载体获得情感的体验，从而由内转化为优秀的品格，在外体现为崇高的行为。历史学科要求的情感体验主要是指培养学生的家国情怀。家国情怀既是历史学科核心素养重要的构成要素，同时又是历史课堂教学的灵魂。历史的学习过程就是一个知识与情感相互交融的学习和体验过程，家国情怀的获得、情感价值观的形成不是一朝一夕就能做到的，需要教师在教学过程中，采取行之有效的方法进行潜移默化的渗透和陶冶。

1. 正确定位历史教学设计的情感目标

在高中历史教学设计中，无论是知识的学习还是学习知识的方式引导，都要把学生家国情怀的培养、学生情感的触动作为最终的指向。教师在教学过程要注意在知识目标的实现基础上，进一步将教学目标升华为实施性强的、与本课内容相适应的、问题情景化的情感培养目标。

（1）根据高中历史课程内容，确立情感培养目标。情感目标的确立并不是教师凭空想象出来的，也不是教师强加给学生的，必须建立在历史知识与能力目标的基础之上。明确情感目标是指以知识与能力目标为基石内化为学生的情感体验。

（2）根据课程内容，适当地表述情感目标。三维目标指的是教学目标的形成应从三个维度来对学生的学习做出要求，三者之间不是相互孤立的，因此目标的实现是一个一体化的过程，而且情感目标的培养必须以知识为依托，因此在情感目标的表述中，应该将知识、能力、情感等目标整合起来，才能体现目标的整体性。

2. 充分利用各种资源实现情感体验

想要完成预期的情感目标，正确处理教学素材与情感目标之间的关系是非常必要的。

（1）充分利用教科书素材，实现情感体验。教科书是以课标为依据，经过专家严格的筛选、反复的考证、系统的整合编撰而成的，它引领着教育思想培养的方向，也蕴含着情感目标。而且历史教科书中的素材也最具有典型性，能够一针见血地揭示历史发展的本质，学生在阅读后，能够满足自身的情感体验。

（2）运用典籍、文献、文物、历史博物馆等资料，实现情感体验。此类素材一般用于对历史人物评说，以及感受劳动人民智慧的结晶，培养学生的家国自豪感和增强学生家国凝聚力。

（3）利用多媒体、网络技术、电子图书馆、战争革命纪念馆等视频、图片、文字、音频资料以及访谈革命先烈等方式搜集素材，实现情感体验。当前科技发展迅速，运用多媒体教学更为普遍（2022 年，我国国内在线教育市场规模预计突破 5400 亿元），利用多媒体的图片、文字、视频中展示的不再是枯燥的历史，而是将抽象的具体化、生动化的历史，学生在浓厚的历史氛围的渲染下，能够引起感官刺激，情感培养热情更加高涨，容易达到情感教育目标。

（4）运用乡土素材，实现情感体验。教师可以在历史教学中穿插一些乡土材料，一方面可以拉近历史与现实的距离，使历史贴近生活，从而引起学生的兴趣，引导对历史知识有更深刻的了解；另一方面能够激发学生热爱家乡的情怀，实现情感体验。

3. 正确把握情感素养中的层次结构

（1）以知识激发外部情感体验。在讲述历史情节的过程中、在体验历史问题情境或者阅读历史资料的过程中，学生在会因为故事情节的变化、发展，面部表情出现各种变化，内心情感也会发生转变。此时学生的情感体验处于最低层次，只是简单的情绪浮动，表示对情境接受而显现出的外部情感体验，是暂时性的，转瞬即逝，并没有内化为内在的情感态度价值观。教师要想学生达到第一层次目标，通过知识获得外部情感的体验，就要以学生的实际心理发展水平为准，善于烘托历史氛围，并且抓准时机，抓住情感培养的切入点，与学生的情感产生共鸣。

（2）以情深化知识，确立内部情感。情深化知识，确立内部情感是情感素养培养的第二层次。在达到外部情感体验的之后，学生再次深入思考，对所感悟的历史研究对象进一步评价反思，有明确的是非观念，能够形成正确的评价，情感体验有了质的飞跃，从情绪变动转向价值的判断。在这情感素养培养的关键环节中，教师可运用以下三种方式引导学生确立情感态度：

第一，培养优良的品德。在中国历史上，有谦和好礼的美好情操、有勤俭廉政的典故、有刻苦学习的典范、有笃实宽厚的实践精神，在教学中，应引导学生在古老浓厚的文化底蕴中，体会中华民族的优良传统，学习古人崇高的品德，坚定信念，养成坚韧不拔的优良品质。

第二，培养爱国主义精神。对祖国的热爱之情是最基本、最朴实的情感，我国自古以来就有岳飞尽忠报国，出自《宋史·卷三六五·岳飞传》："初命何铸鞫之，飞裂裳以背示铸，有'尽忠报国'四大字，深入肤理。"

第三，培养国际意识。了解世界各地区文化的多样性、掌握人类社会文明的发展历程、撷取多样化的智慧果实，逐步形成具有国际视野的学习者。在这个层次的情感培养中，教师要有深刻的角色意识，引导学生对历史研究客体做出正确的评价，得到情感的进一步升华，树立内部情感态度。

（3）情识交融，形成正确价值观。在情识交融中，学生重新整合历史知识，实现情感的多重体验和感悟，从而逐渐转化为正确价值观，并能够以此规范个人的行为活动，引导自己的思维方式，最终实现情感体验。但是情感目标的实现在指导个人行为时，又会与个人的性格特征相结合，显现出个性化的情感特征。富有个性的情感价值观培养是一个复杂的、系统的，经过长期渲染逐步形成的过程。

在培养情感素养时，应区别于知识目标的实现，把它作为一个长期的、有目标的、有计划的目标，将认知、情感、价值观看作是一个统一的培养过程。首先，从第一层次的外部情感体验着手，创造浓厚的历史氛围，激发学生产生情绪上的波动，心理的触动，形成外部情感体验；其次，确立学生内部情感态度，运用典型的历史事件、有教育性的历史情节，将爱国主义、家国情怀等提升到价值观层面探讨，使学生真正地体会数千年的中华民族点滴积累起来的凝聚力和爱国主义情感；最后，养成具有个性化的素养，形成正确的价值观。

教师要引导将内部情感升华为正确价值观的层面，形成思维定式，并以此为自己做事的行为准则，作为评价世间的真、善、美的标准。如果历史教师没有正确认识情感目标的层次性，或者用知识技能的目标替代家国情怀的素养，那就难以满足家国情怀素养的培养要求。只有遵循情感目标的层次结构的原则，将情感素养的培养分成"接受""确信"和"升华"三个层次，并且在每个阶段采取恰当的方法，才能确保提升学生家国情怀。

三、高中历史教学核心素养的评价体系

历史学科核心素养评价体系是指高中生在完成各阶段学业后应达到的具体水平的明确界定，构建科学的评价体系，进一步促进学科核心素养的发展，是历史研究者不断探索的重要课题。

（一）确定历史教学核心素养评价体系标准

确定历史学科核心素养培养的评价标准，目的是让教师明确从哪些方面展开对历史学科核心素养的评价，依据何种标准对高中生进行评价。建立核心素养评价体系标准不能够脱离对历史课程标准的探知，因为它是对高中生学习结果的期望，是一切教学活动开展的指南针，同样也应该将其作为科学的构建评价体系的参照物。为了使核心素养评价体系更加细化、具有可操作性，能更好地指导检测学生的核心素养评价结果，应围绕新的历史课程标准，从认知行为标准、价值观指引和表现性评价指引三个方面确立核心素养评价体系的标准。

高中历史课程标准中对于高中认知水平的规定分为三个层次：①学生应达到的首要层次为识记层次，要求学生能够通过文字、图片、思维图、地图等方式记忆历史基础知识、构建历史知识体系，包括列举、了解、说出、知道等行为动词；②学生应达到的第二层次为理解层次，要求高中生对所学到的历史知识出现在新的问题情境中时仍然能够揭示其本质，包括概述、理解、说明等行为动词；③学生应达到第三层次为运用层次，要求学生能够对历史知识自觉地做出详细的分析和系统的整合，并通过历史知识的比较、相互论证自主解决历史学习中的遗留问题，包括对比、探究、讨论、分析等行为动词。教师在制定高

中生历史学科核心素养认知行为评价标准时，一定要参照历史新课程标准，确保对学生的测评要求与课程标准要求处于同一层次。

1. 评价需要加重家国情怀与价值观

确定家国情怀、价值观的评价标准，可以从多方位展开。从国际视野而言，要求学生了解世界各地区文化的多样性、掌握人类社会文明的发展历程、汲取多样化的智慧果实，逐步形成具有国际视野的学习者；从国家层面而言，要求学生关注国家的现状，培养爱国热情，提高家国情怀素养；从社会层面而言，要求学生在生活中追求平等、自由、科学、文明等价值观；从个人层面来看，要求学生通过历史课程的学习，确立积极的人生态度，培养求真、务实、创新精神，树立健全的人格。

2. 评价需要加强高中学生的表现性行为

历史教师应该为每个学生建立学习档案，记录学生的表现，以便很好地监测和引导高中生历史学科核心素养的培养。教师可以从以下方面制定高中生表现性行为评价标准：

（1）高中生表现行为的描述，教师详细地描述在某一个具体的问题情境中，在合作探究的过程中，教师希望学生有怎样的表现，获得怎样的收获，达到怎样的目标，培养哪种核心素养。

（2）高中生表现水平的标准。每个学生都有发展的个性，由于自身的性格特征、家庭教育、生活环境、学校教育等因素，学生会在思维、性格、能力、知识、兴趣、爱好等表现出差异，进而反映在学习成绩、参与表现、学科核心素养的培养方面等出现差距。因此教师要根据班级的情况，综合评价，划分评价等级，制定每一等级的评价标准。

（3）范例的描述，即通过具体的、典型性代表案例，认真学习一些表现性教学活动的开展经验，包括活动计划、预期达到的目标、活动开展过程、学生的表现性的行为反馈等，作为制定具体学生表现性行为评价标准的参考。

（二）明确历史教学核心素养评价体系内容

构建合理的历史学科核心素养评价体系，能在育人观念、课程内容、学习方式、教学模式等方面对学生历史学科核心素养的培养起到重要作用。

1. 全方位考查史料实证素养

史料实证素养的测评是多方位的：其一，考查学生是否具有历史文献资料中提取有效信息作为重新构建历史解释的可靠证据的能力；其二，考查学生是否能够发挥不同史料的独特作用，将明确翔实的文献资料与时代特征突出的地下实物相结合，从而对所探究的历史问题进行互证，使自己的历史解释更加可靠，具有说服力；其三，考查学生是否具有能够运用史料，系统、合理地对自己研究的历史问题做出论述的能力。从区分史料的不同类别到学会运用不同类别的真实史料进行互证，最后到构建自己的论述，全方位测量史料实证能力。

2. 逐级测评时空观念素养

时空观念素养的测评，可以分为三个层次：第一层次要求学生通过地图、信息提示、时代特征、史料信息，推断出信息中相对应的时间点、朝代等时间信息，考查从信息中提取时间线索的能力；第二层次要求学生能够从信息中提取时间线索，回想历史事件的发生，对历史事件做出系统的描述，判断历史事件的影响；第三层次要求学生进行横向跨越和纵向跨越。横向跨越是指要求学生对多个国家在某一方面的历史改革、历史现象进行对比、分析、研究；纵向跨越是指要求学生对同一国家或地区在不同的历史时期，发生在经济、文化、风俗等方面变化进行对比分析，并能够做出全面、系统、准确的论述，进一步考查知识的整合、对比、分析、迁移能力，从而测评学生的时空观念素养。

3. 厚植学生的家国情怀素养

弘扬正确的历史价值观，体现的是史学在促进国家认同方面所发挥的作用。参考对于价值观行为目标评价的基本思路，历史教师应该把体验与反思作为高中生历史学科家国情怀、价值观的评价标准。体验是指学生通过各种历史问题情境和参与教学实践活动来感受和体验历史事件、历史人物所经历的心理变化，产生心理触动，情感上发生共鸣。反思是指对已有的情感不断反思，逐步形成价值观念，并成为指导自己的行为准则和评价他人的标准。

4. 深层次检测历史解释素养

历史学家研究的"历史"并非真实的历史，而是历史发展历程中所遗留下来的史料中介物，无论这些遗留的中介物如何丰富和真实，它们本身不能够自己说话，这就需要史学家做出历史解释。学生在认识历史的过程中也需要历史理解与历史解释思维活动的相互作用，需要在历史发展的整体和宏观解释之下、在过去与现在的内在联系中，反复理解和领悟史实所呈现的历史境况，因此构建历史解释评价体系对于高中生而言是非常重要的。

（1）考查梳理材料的能力。面对历史学科的众多内容，学生难以选择出最具有说服力的史料构建自己的历史解释，也无法从史料中提取最有效的信息对历史事件做出合理的解释，因此，考查学生的材料梳理对于培养学生的历史解释素养是非常重要的。材料梳理能力作为历史解释素养评价的第一标准，要求学生具备快速收集史料有效信息和判断史料背后隐藏的时代信息的能力。

（2）考查学生的历史解释的价值取向。历史教学有价值导向的作用：一是可以从历史人物评价中渗透历史解释作为考查，一般选用具有复杂性与难测性、正面性和反面性等这样一些典型的历史人物进行评价；二是以传统文化渗透历史理解及价值作为考查，例如，汉字、中医、京剧等，既有数千年文化积淀同时又要面临现代化的挑战作为题材进行考查；三是就国家认同渗透历史理解作为考查，选用有助于树立"国家认同"的依据，在鲜明的价值观取向下，注重历史与现实的联系，考查学生历史理解的价值取向。

（3）以语言表达、文字表述能力作为考查。历史解释不能够只停留在思考者的脑海里，而是通过对历史的理解将信息传达给别人，因此需要考查学生文字和语言表达能力。高中学生用语言解释历史事件时要求做到要点化、层次性、结构性、准确性、概括性、系统性。在文字表达中，需要考查学生在确保知识结构化和完整性下的概括能力。通过考查学生在描述和评价历史事件时的语言组织能力和文字表达能力，有效测评历史理解和历史解释素养的培养成效。

尽管对于历史学科核心素养的五个构成素养的评价是分开表述的，但在实际教学中是彼此是不可分割的，互相作用，相伴成长。此外，历史学科核心素养的形成不能够简单地等同于学科知识的掌握，它更注重的是高中生面对不同问题时灵活地迁移知识的水平、批判性思维、高尚的品格。因此，虽然可以在构建核心素养评价体系时分开表述，但是在真正实施过程中，不能将其分开测评，而是要整体进行评价，另外不能把知识与技能的评价等同于学科核心素养的评价。

第三章 高中历史课堂的常用教学方法

第一节 主线式与启发式教学方法

一、主线式教学方法

要在高中历史课堂中运用主线式教学法，需要先明确何为"主线"与"教学主线"。"主线"扩展开来即为"主要的线索"，而"线索"则是指事物发展的脉络。高中历史主线式教学法指的是在课堂教学中，以某一特定的事件等作为课堂教学的线索，所有的课堂内容围绕这一主线再进行展开；主线可以是时间、人物或事件、图片等多种不同的形式，这样的教学方法，是为了将课本上零散的知识点梳理成一条清晰可辨的历史脉络，使学生能够理解不同历史事件间的相互关系，培养学生的整体史观，使之能够全面地看待历史并能前后关联不同时期的历史事件。有别于传统教学法仅仅侧重于单个知识点的讲解，主线式教学法更注重学生整体史观的培养。

（一）主线式教学方法的理论依据

1. 最近发展区理论

维果茨基是苏联著名的教育学家与心理学家，他提出了"最近发展区"的相关理论，对心理学领域产生了重要的影响。最近发展区理论认为，学生的"最近发展区"处于实际的现有的发展水平和可能达到的潜在的水平之间。而要实现学生从已有水平向目标水平的发展，无法通过教师单方面的教学来实现，必须由学生自主理解其中的内容。在课堂教学中，教师扮演"引导者"角色的成分应大于传统的"教导者"角色，教师提供的应是帮助而非生硬的说教。在学生的学习遇到问题与困难之时，教师的正确操作不是直接为学生解决问题，而是鼓励学生自主解决问题，使之在下一次遇到问题时不再依附教师的力量而可以独立自主地解决问题、消除疑惑。而主线式教学法正是基于这一思想主张，教师利用课堂的主线串联知识，学生在学习时由点及面，通过对知识点的连接来构建整体的知识框架。

2. 教学交往理论

"所谓教学交往，指的是教学过程中主体间的一系列互动的过程，包括师生间、师师间以及生生间的交流与互动的过程"。[①] 其中，我们在日常教学中最常见的就是师生间的互动，即教师的教与学生的学。而该理论认为，教学的本质就是沟通，教学必须依托于交往才能存在并实施。而交往的首要条件就是平等，所以在日常教学中，教师应注意尊重学生，与学生平等相处，对学生的态度也应以鼓励为主，这样才能够更好地促进学生完成素质教育的目标，促进学生德智体美劳五育全面发展。主线式教学法在教学过程中注重积极引导学生，鼓励学生与教师共同探索，注重师生间的交互，是基于教学交往理论上的一种教学方法。

（二）主线式教学方法的主要功能

新一轮课改要求一线教师改变过去可能比较常见的以教师为主体的传统教学方式，而替换为学生为主体的教学，形成教师为主导、以学生为主体的新型师生关系。与其他教学方法不同的是，主线教学法更要求发挥教师的主导作用并突出学生的主体地位，增加师生间的互动交流，增加学生融入课堂中的机会。不再是传统的教师一个人对着所有学生讲知识点的状态，而是通过加强师生互动，让学生也参与课堂，让问题在师生的合作下共同解决。这样的教学方式，既有利于学生的学习，也有利于教师专业水平的不断打磨与提升。因为这样的教学法要求教师的教学内容不仅仅局限于书本上的知识点，而是需要教师对整体历史的融会贯通，需要丰富的历史专业知识和不断更新的历史教学技巧，以适应一代又一代的高中生。而主线式教学法还需要学生沉浸课堂中，这样才能跟上教师梳理的主线内容，也就要求学生需提高上课时的注意力，增强听课时的积极性；并且在教学过程中需要学生不断思考，不断联想其他的相关知识，提高学生的思维活跃性。这样的教学方式下，师生都需要不断交流并反思，课堂气氛活跃，也更容易达到教学目标。

1. 主线式教学法利于结合不同知识点

主线式教学法最突出的一个优势就是将课本上原本零散的知识点串联成一条完整的线索，学生在回忆时就可以由点及线，通过一个知识点就能发散出与之相关的许多其他知识点。相较于零散灌输知识点的传统教学方法的不同之处在于，主线式教学法选择出一条确切的、适合于一节课内容的主线贯穿课堂。因此，主线式教学法最重要的任务之一就是在

---

① 徐雯婷：《主线式教学法在高中历史教学中的应用研究》，载《杭州师范大学（2020年版）》，第10页。

备课过程中，综合考虑学生情况与教材的关系，精选出合适的主线内容。选定的主线，一方面要紧扣学生的学情，使学生便于理解；另一方面也要注重课程标准的要求，要在完成教学目标的前提下进行。在此前提之下，主线的内容可以是丰富多彩的，可以随着时代的进步，教师不断选择与当前学生相适应的新主线。

在主线的具体选择上，主线可以选择一个历史人物的各个生活阶段，也可以是一系列相关的历史图片，还可以是一系列与教材内容相关的习题，甚至可以是为了某节课而编排的特定的历史小故事。主线可以由教师在课前备课时自主准备，也可以作为课前预习的作业交给学生，让学生自主梳理出一节课的主线。主线的形式多种多样，可以是上课时播放的幻灯片上的图片或视频，可以是教师印刷的文字材料，也可以是学生课堂上现场表演的情景短剧。主线如何呈现并不是最重要的问题，重要的是主线对教学效果的推动作用，主线是能够真正实现课标要求、完成教学目标的知识链。因此，主线虽然可以是教师提前设置好的，但学生有更好的主线思路时教师也可以积极采纳，这样更有利于实际的教学。

2. 主线式教学法利于学生的深入思考

在实践课堂中运用主线式教学法，一方面，学生需要理解教师设置的主线，学生要从多角度并联系前后发生的众多历史事件进行联想思考，从而得出一个相对复杂但全面的理解，提高了学生思考分析问题的能力；另一方面，课堂的主线可以作为课前作业或课后习题布置给学生，使学生掌握梳理知识的能力，使其思考问题更深入，也有利于学生整体史观的培养。

3. 主线式教学法可以提高教师的水平

如果主线式教学法能在课堂中被正确地利用，那么就能使教师与学生处于平等的交往状态，师生的思想可以不停地进行碰撞，激发更多的课堂热情，真正实现师生的共同进步，从而达到教学相长的效果。

（1）有助于教师角色转变。教师是一个突破性的行业，教育观念在不断更新换代，课程改革持续推进，学生的个体差异也较大，这都要求教师不断更新自己的教学理念，以学生的发展为目标，教师也需要不断培养创新精神。在传统的教学方式中，教师可能只需要将书本上的内容灌输给学生即可，教师是教学活动的绝对主导，要求学生适应教师的教学；只要教科书和考纲不更新，教师还是会以学生考试成绩为重，教学内容就不会有所改变。而这样的教学方式显然不符合新一轮课改的要求。主线式教学法则尽量保证学生在学习中的主体地位，教师仅仅作为"引导者"的角色帮助学生理解，而不是直接为学生解决问题，教师角色发生了重大的转变。角色的转变也就意味着教师需要不断提升自我，以适应学生的需求。教师的地位由高高在上变为和学生平等交流，教师的形象由威严的"领导者"转变为和学生更亲密的朋友关系，师生可以在课堂上有不同观点，教师也鼓励学生提出与自己相异的想法。当然，在学生遇到问题时也可以向教师寻求帮助，但教师并不是直接说出答案，更多的是引导学生寻找正确答案的方法。教师不再只关心学生的成绩，而更注重学生的身心健康发展。

（2）有助于提高教师专业素养。课堂的主线可以是教师课前准备好的，也可以是交由学生完成的，不论这两种方式之中的哪一种，学生都有可能在课堂或课后提出完全有别于教师本人想法的观点和思路。换言之，主线式教学法不光有利于促进学生的思考，同时也会给教师提供更多的思考方向和探索思路。因此课堂上的师生交流，不仅是教师向学生教授知识的过程，也是教师接受新的思想观念的一次绝佳机会，主线式教学法的特点就是师生交流频繁，正是为教师提供了进步的契机。在与学生讨论主线的过程之中，历史教师也可以学到许多其他学科的知识，主线可能会涉及很多方面的内容，这也要求教师要不断学习进步，贯彻终身学习的理念。

4. 主线式教学法提高历史课教学效率

（1）教学内容清晰。主线式教学法最显著的特点和优点就是使课堂脉络清晰化，知识点紧凑而不再零散。传统课堂中，教师在讲解知识点时也会选择不同的材料与案例，每个知识点的讲解虽然也很清晰，但知识是零散而不成体系的，学生在课后可能很难将整节课的知识作为一个整体记住，学生更容易记住的反而是教师在教学过程中使用的学生最感兴趣的一两个小点，甚至记住的不是知识点本身，而是课堂重点内容以外的辅助资料，很容易将教学的重点埋没在纷乱庞杂的巨大信息量之中，而学生通常很难再从其中梳理出重点。学生即使掌握到了一些知识，这些知识也很不成系统，无法构建完整的知识体系。而且在这样的教学模式之下，每个知识点需要特定的案例来说明，一例仅针对一个知识点，甚至有时为了说明一个知识点需要使用超过一个案例，这在当前任务繁重而历史排课量又少的矛盾之下，显然是不适合当前的教育现状的。但主线式教学法则恰恰相反，以一个完整的线索串联一整节课的内容，课堂脉络清晰，学生理解也方便，更有利于教学目标的完成。

例如，在讲解"秦朝中央集权制度的形成"一课中，先讲述秦朝统一的条件及过程，再讲述秦朝建立了中央集权制度，接着讲述秦朝巩固中央集权制度的具体措施，最后讲述秦朝中央集权制度的影响。环环相扣，并在引导学生分析知识点的过程中，教师可以适当归纳总结。

（2）课堂氛围融洽。良好的课堂氛围应该是和谐的，师生关系应该是互相信任的，这样的教学才称得上成功。而主线式教学法正创造了这样一种和谐融洽的课堂环境，从主线的确立到主线在课堂中的实施，再到课后反思本课的主线是否合适，是否有更合适或精简的主线，这些问题都是可以由师生双方讨论而解决的。不论课前、课后或是课堂中，师生都是平等交流的状态，教师鼓励学生积极发散思维，学生也勇于提出自己不同的思路方法，师生都在积极思考；而不像传统教学只有教师一个人在教学，学生只是被动接受知识。在这样的课堂中，学生的思维能力能得到极大的锻炼。

（3）培养历史核心素养。主线式教学法以一条明确的主线串联知识、贯穿课堂内容，同时在教学的过程中注重对学生五大历史核心素养的培养。可以说，历史核心素养的培养是所有历史课程中都必须存在的主线，只不过在传统的历史课程中，有时核心素养的体现并不十分明确，而主线式教学则恰好可以弥补传统教学方法在这方面的不足，主线式教学法虽然每节课选定的主线都有所不同，但核心都注重教学目标的完成，将对学生核心素养的培养融合于教学内容之中。新课改后将历史教学的三维目标改为五种核心素养，历史课堂需要教学的容量上升，而主线式教学法则是在节约了教学时间的前提下，很好地完成教学目标。

（4）模块知识互通。与传统教学方法中教师按照知识点逐一讲解的方式不同，主线式教学法是把一节课中涉及的所有重点内容整合成一条线索。因此两种教学方式下的教学效果存在很大的差异，传统教学法下的学生，由于教师教得零散，学生学得更零散，对于关联的知识点并没有强烈的整体意识，即使记住了相关的知识点，很多时候也只是死记硬背的结果。但主线式教学法却不同，教师在上课时已经将知识点进行了完整而清晰的梳理，并引导学生进行了深入的思考，通过学生的理解，因此学生很容易对历史发展的过程有整体性的认识，即使不能完全记清主线中相关的某个具体知识点的相关内容也无伤大雅。而且，在师生串联主线运用主线的过程之中，很可能主线中涉及的内容并不局限于当前这一课，而是需要学生与已学过的其他模块的知识整合，学生通过回忆的过程也完成了复习的任务。整合的只是还有可能是未学的内容，此时则可以进行预习，到时学生学习新课就会事半功倍。模块知识本来是十分琐碎散乱的，通过主线的设置就完成了对不同模块知识的整合。

（三）主线式教学方法的选定原则

1. 根据教学目标确定主线

任何教学方法的使用最终落点都是为了更好地完成教学目标，因此在课堂中无论是否使用主线式教学法都首先要考虑是否有利于教学目标的完成。而主线式教学法本身的特性就有利于整合课堂知识，因此在使用过程中须注意根据教学目标确定某一节课的主线，从而更高效地完成教学目标。

虽然历史的发展自有其时间脉络与线索，但要求高中学生完全记忆理解还是有很大难度的。因此教师在设计历史课堂主线的过程中，需要依据教学目标确定主线：一方面可以减少学生的知识负担，适当降低学生的掌握难度，使学生将更多的时间集中到对教学重难点的理解之上；另一方面，教学目标是按照历史核心素养而设定的，在以教学目标为导向的课堂主线中，还可以培养学生的唯物主义思想、时空结合的观念、多角度分析思考历史的思维以及爱国主义等家国情怀。

在以教学目标为主线的实施过程中不可避免需要使用史料，而历史课堂的组成基础就是史料，教师的教学需要依托史料来推进，学生的学习也同样需要依靠史料来理解。史料的作用包括：一方面促进学生对知识的理解；另一方面也有重要的思想教育作用。基于此，教师选择实施主线的史料时，既要综合考虑本课的教学任务，又要考虑在史料中融合思想教育，使学生在学习知识的同时，接受爱国主义等思想的洗礼，完成对学生家国情怀素养的培养。因此在选择历史课堂的主线时，既需要主线能够整合知识，帮助学生理解以完成本课的教学目标，也需要使主线有更多的教育意义，提高学生的历史素养。

2. 要根据学生的学习情况

主线在选定的过程中还需要考虑学生的实际学习情况，主要包括学生的兴趣所在及其接受程度。主线式教学法的策略之一就是以历史人物作为课堂主线，这是因为历史人物作为一个鲜活的个体，在被教师使用时，更容易引发学生的兴趣和代入感。因此，教师在选择课堂的主线时，要尽量选择与学生生活贴近的并能引发学生学习兴趣的史料。教师一方面要选择本身趣味性较高的史料；另一方面则要做到让史料的呈现方式对学生更有吸引力，现在的多媒体设备运用已十分广泛，教师可以通过课堂上播放图片、音频、视频等形象生动的内容，使学生在潜移默化中就逐渐接受了教师想要传达的信息，这样的方式下，学生的学习主动性更高，历史体验感更强，印象也更深刻，于是对知识掌握得自然也更牢固。

然而许多学生都说喜欢历史却讨厌历史课堂，出现这种矛盾的原因是学生在日常生活中接触到的历史一般都是有趣的历史典故，而到了历史课堂中却发现历史远远不止有趣的故事，还有许多枯燥又难以记忆的知识，而教师在传统课堂中虽然可能意识到了这个问题，但是讲述时仍然经常讲得十分高深，这样乏味的历史课就与学生想象中的有趣课堂产生了巨大的反差，因此许多学生不喜欢历史课，也不想参与历史课堂活动，只是被动接受知识。因此，教师需要一个契机，吸引学生主动参与课堂活动，让学生在看似无趣的历史知识点的表象下发现历史发展趋势的趣味性。

使用生动有趣的主线就是有效的方式之一，主线既生动形象引起学生兴趣，又有一定的思考空间留给学生，让学生不得不随着教师的引导而思维不停运转，学习效果就会提升。因此可以选择以人物等生动的史料作为课堂内容的主线，因为人物更贴近学生的生活，人物生平中的小事、趣事也可以运用到课堂教学中，可以拉近学生与历史的距离。严谨是历史课堂必备的要素，但同时也需要趣味性，只有同时满足这两项要求，才能更好地在实现历史课的教学目标的基础上促进历史学科的进步。教师在选择主线时也需要考虑学生的实际接受情况，主线式教学法应尽可能应用于学生相对薄弱的课程内容中，一方面可以节约课堂与课后教师的备课时间，另一方面也有利于使学生在弱势的内容上取得更好的成绩。

3. 以高考为导向

在当前的考试制度下，高考成绩仍是衡量学生学习成果的重要方式，因此，教师需要引导学生注意高考考点中的历史与生活中接触到的历史知识的区别与联系。教师是教学过程中的引导者，对学生正确学习历史知识起着非常重要的作用。教师一方面可以联系当下的电视剧热点，将学生感兴趣并有一定了解的内容融入课堂中去。教师可以在课堂上使用历史相关的影视剧以引起学生的兴趣。但是另一方面，教师需要特别注意并提醒学生影视剧中的内容与史实间的差别，避免学生出现直接将影视剧中的内容当成真实发生的历史事件的现象。否则，则会是对学生的一个极大的误导。教师要引导学生以史实为依据来看待各式已经过改编加工的影视剧。

课堂主线以高考为导向，一方面，教师可以在教学过程中以高考考点为核心，如使用习题主线策略，以全国各地的高考题串联课堂；另一方面，也要求教师在课堂史料的选择中以高考史料的选择标准为标准，严格选取史料。历史学科要求我们上课的内容必须符合的史实，历史最高的价值来自真实。历史课就是学生在教师的引导和帮助下去伪存真，辨明事件的真伪。材料的真伪是更加严重的问题，因为材料缺乏，顶多得不出结论而已，而材料不正确便会得出错误的结论，这样的结论比没有更要有害。真实的材料是历史课堂所必须拥有的支撑点，历史课的行进必须基于真实的历史事件之上，否则这节历史课就是悬浮的、不落实地的，这样的课堂不仅对学生缺乏相应的教育意义，甚至可能会阻碍学生正确价值观的形成。

历史课堂中教师所使用的材料不能是"现有结论，然后找例证"，历史评价的角度是多样的，教师绝不能有了定式思维再去找相应的证据论证，选择材料时还是应全面地选择而非只选择符合自己认知的特定材料。

历史学科核心素养包括史料实证和历史解释，要求历史结论必须由历史材料得出，并对史料进行辨析判断，在信史的基础上重现并还原历史，以此来培养学生客观理性的分析和判断能力，一切的基础都是论从史出。史料的选择正确与否就是课堂成功与否的关键之一，但仍有不合适的材料出现在现在的历史课堂中，出现这种现象的原因是某些教师缺乏"尊疑"和"重据"的意识。因此我们在选择材料时，应保持一种怀疑的态度，在怀疑的思考下找相应的证据，看是否能证实其真伪性，经过这样步骤被选择的材料真实性更高，更适用于高中历史课堂。对于材料不轻信不盲从，多持怀疑的态度，这是历史教师所必备的严谨的思维。教师以高考为导向，一方面可以将知识与考纲紧密结合，帮助学生提高应试成绩；另一方面也可以尽可能地保证材料的真实性，高考中所运用的材料通常都已经经过了各位专家的反复对比斟酌，可以为教师在备课环节找材料的过程中节约许多时间，将更多的时间精力花在打磨主线上。

总而言之，主线式教学法可以有效提高课堂效率，同样的课堂时间里，教师既把知识点讲述清晰，还将所有的知识点串联成线索，并且在讲述主线的过程中整合其他已学过甚至未学过的知识，使学生的思维程度尽可能最大化，在完成教学目标的同时，锻炼学生的思考水平和整合能力。因此，在设计课堂主线时，需要教师根据不同的教学目标和学生的学情，灵活改变策略，因为一个教师的同一节课同时需要教给多个不同的班级，而各班情况显然存在差异，所以需要教师在运用主线时，随学生的不同情况改变其中的细节，以适应不同学生的接受水平和理解状况。

（四）主线式教学方法的实施策略

历史学科的教学方法丰富多样，因此在一节优质的历史课堂中，可以同时运用多种教学法而非孤立使用其中的某一种，而当主线式教学法在课堂的使用中占比最大、给学生的印象最深刻时，我们即说这节课使用的是主线式教学法。教师通过对教材内在逻辑与知识体系的仔细梳理后可以发现，主线式教学法可运用的范围十分广泛，几乎每节课都能找到相应的主线串联课堂内容，因为主线式教学法的使用策略不是单一的，可以是形式多变的，可以以时间、空间、人物、事件、图片、习题等作为课堂的主线。下面将具体论述以人物、图片与习题为课堂主线的教学策略。

1. 人物主线的实施策略

"人物主线"策略，就是在高中历史课堂中"以历史人物为主线"进行教学设计，以人物作为贯穿整节课的线索，以人物的生平经历与课标要求相结合，将学生感兴趣的人物经历与学生需要掌握的教学目标有效结合形成一条完整的主线，以学生已知的人物资料导向学生未知的考点，使课堂可以兼具趣味性与教育性，促使课堂氛围更活跃，学生学习也更积极主动，从而进一步提高课堂教学的效率。人物是组成历史的基本要素，历史是由"人"组成的历史。而人物主线该如何设定，可以遵守以下的步骤：

（1）教师应该明确，每节历史课内容的跨度不同，并不是每一节课都适合以人物作为课堂的主线，显然有的课程并不适合，所以需要教师精心筛选可以以人物为主线的教学内容，并且在选择人物作为一节课的主线时要选择典型的个案，主线要生动具体而传奇。

选择人物作为主线时，先要考虑的就是某一课内容的时间跨度，当时间跨度过大而超过了一个人的生命时长时，还要坚持选择人物作为主线显然是不理智的。选择人物作为主线的课程内容，这一课的内容时间跨度一般应包含在某位或某几位同时代的历史人物生平之内。

历史上涉及的人物数不胜数，因为每个人都是历史的参与者，因此教师在选择人物作为主线时的选择自然也很多。历史人物分为正面和反面人物，教师在利用时可以将二者都纳入考虑的范畴。在数量繁多的历史人物中选择一位合适的人物也需要具体的方法，首先，教师要考虑的是学生对人物的熟悉度，选择学生熟悉的人物时，教师不用再另外花费过多的时间去解说人物，而可以将重点放在人物经历与课程目标的关系上；其次，教师还可以选择有典型性的人物代表，这样的案例可以使学生举一反三，由个案推导得出一般性的结论；最后，如果教师要选择某一课的主线人物是学生较为陌生的历史人物，则该人物的事迹要与该节课的教学内容相关度较之学生熟悉的历史人物更大，与课本内容契合度更高。

（2）选择好特定的历史人物作为某节课的主线后，则要挑选其与课本内容相关度较大的一些经历来填充主线。这里我们可以有两种不同的思路进行选择：一是选择某一位历史人物，选择其生平事迹中与课标要求相符合的相关片段，以其人生经历为线索，这种选择适用于课本的内容有一定的时间跨度，但时间跨度又不宜过大，要在某位历史人物的生平期间；二是选择同时期的多位不同的历史人物，这样的选择对时间要求较低，时间跨度很大或很小都可以使用，例如，在讲授"启蒙运动"这一课时，很难找出一位历史人物完全能涵盖启蒙运动的所有思想，这时则可以选择使用多位不同的历史人物分开阐述：以孟德斯鸠引出"三权分立"学说，用伏尔泰强调"天赋人权"，以卢梭说明"社会契约论"，用不同的历史很多课程都可以进行人物主线的构建。总而言之，当课程内容选择以历史人物作为主线时，该课的内容最好时间跨度较短且内容较为集中，即与某位历史人物的一生或其中某段经历的时间长度大致相仿。

2. 图片主线的实施策略

图片史料与文字史料最大的区别就在于其直观性，直观的史料还包括文物史料、遗址遗迹等形式，但这些形式都很难在高中历史课堂上直接呈现，因此借助图片就可以形象直观地展示某段历史，且相较于大段的文字说明更简单明了且不容易让学生反感。许多典型的图片史料中都蕴含着丰富深刻的历史信息，而且较文字史料更生动有趣。

图片史料的特点是数量众多、适用面广且来源广泛。图片史料一方面可以证明历史；另一方面也可以补充历史。在教学上可以激发学生的学习兴趣，使学生主动学习，所以利用图片史料作为一节课的"主线"来保持并激发学生的学习兴趣对教学至关重要。如在导入环节时为了吸引学生的注意力回到课堂上而使用图片，这时候选取的图片可以选格外有趣、生动而形象的，这样在课堂的伊始就一下抓住了学生的注意力，那么整节课学生都会以更高的积极主动性来学习，能够提高教学效率。在课堂讲授环节使用图片史料时，图片比文字可以给学生更多的想象空间和更多的代入感，使学生仿佛身临其境。大段的文字很容易让学生产生畏惧感而退缩，但图片史料则不会出现这种问题，有时学生甚至能注意到图片上教师都不曾注意的细节，因此图片也更容易让学生带入思考。

数量众多是图片史料的特点和优势之一，然而，如何从庞杂的图片之中选择出最适合课堂内容的，也是教师需要解决的问题之一。首先，教师需要选择与课程教学目标相符的相关图片，教师不能只考虑到吸引学生注意而使用标新立异的图片，课堂选择的图片必须是为教学目标的完成而服务的；其次，教师选择的图片应该具有一定的典型性，能够调动学生的积极性，要使图片能启发学生思考，培养学生的历史思维，而不能仅仅让学生看过图片之后一笑而过，没有留下任何的思维痕迹，这样的话只是在浪费宝贵的课堂时间，对学生的意义不大；最后，为了体现历史学科的科学性与严谨性，选择图片时最基本的原则之一就是保持图片本身的真实性，如同选择文字史料一样，教师需要有怀疑的态度和去伪存真的心态，万万不能为了证实某个论点而篡改图片。不论是教师的教还是学生的学，都应遵循客观、严谨的原则，教师在使用历史图片前要小心分析求证，力图还原最真实的历史给学生。这样学生才能在此基础上，学习真实的历史，得出更精确的历史结论。因此在使用图片作为历史课堂的主线时，也要尽量使用真实可考的图片，不能为了使用图片主线而罔顾历史的真实性选择一些无法辨别真伪的图片，那样反而得不偿失。

3. 习题主线的实施策略

习题的定义一般是已有已知答案的问题，来源可以是课程或教材等，提供的对象一般是学生和读者，习题是可以练习和实践的。而高中的历史习题既包括教科书、教辅资料及试卷等的文字习题，也包含教师在上课过程中向学生提问的口头习题。习题在帮助高中生理解知识、加深记忆、巩固练习以及培养思维等多方面都有重要的作用，习题的正确率还可以作为一项指标帮助教师了解学生学习的基本情况。习题是课后学生巩固知识的重要手段，也是教师在课堂上讲解所用的常见案例。但有的教师在讲解习题时仅仅将关注点放在习题本身，而忽视了习题对学生思维与分析能力的作用，也忽视了其与内在是有联系的。利用历史习题作为教学的主线，一方面串联起整节课的知识，另一方面也有助于学生巩固当堂课所学的知识。

教师在组织某一课的教学时可以使用习题作为主线，这里的习题可以是关于不同知识点的横向主线，也可以是深挖某一知识点的纵向主线。教师可以根据不同的课程类型选择不同的习题主线呈现方式，如在新课教学的过程中，一节课通常需要讲解超过一个知识点，那么这里的习题主线就可以用习题连接这些知识点；如果是在针对某一重点知识的专门复习课之中，那么教师就可以利用每个习题考查的侧重点不同，从多角度、多维度、多方面重点阐述这一知识点。教师在处理习题时，需要考虑习题所考察的知识点及知识点所侧重的方面，并将习题合理地归纳整合。

（1）当教师要进行"古代中国的政治制度"这一整个单元的复习课时，这个单元的内容十分丰富，但是内在逻辑也很清晰，即君权与相权之间的矛盾、中央与地方之间的矛盾。这一单元的内容几乎都是围绕着这两个矛盾展开的，学生只要掌握了这一点，问题几乎就可以迎刃而解了。第一课是夏商西周的政治制度，此时地方权力很大；第二课秦朝完成了中央集权，确立了皇帝制度，两对矛盾初现；第三课是汉至元的政治制度演变，此时两对矛盾不断拉锯，此消彼长；第四课是明清的政治制度，此时皇权和中央集权都达到了顶峰。以此为主线，向学生展示例题，梳理出整个中国古代的政治史的系统框架。使原本零散的、学生较难理解并记忆的知识点串联起来，学生即使最后无法记住每一个具体知识点，也对每个时期的变化演进过程有了一定了解，也有利于学生历史时空观念的培养。

（2）当教师要组织"充满魅力的书画和戏曲艺术"这一课时，涉及的知识点十分庞杂，包括书法的演变、绘画的分类及戏剧的发展历程等内容，教师在讲解这些内容时很容易泛泛而谈。因此，教师在这一课也可以使用习题作为主线，让学生在读题的过程中学习到中国古代艺术史的内容，这一课由于内容丰富且非考试重点，而且同时还是学生较感兴趣的内容，因此这节课的主线设置还可以交还给学生本人。可以让学生自主收集有关这一课的相关习题，甚至可以让学生在预习书本内容的前提下自主命题，上课时师生共同将学生们事前准备好的习题串联起来，共同解题，教师适当答疑解惑并评价学生所准备的习题。最后，在主线相关的习题讲解完成之后，还可以留给学生思考讨论的时间。这样的开放课堂，真正做到了以学生为主体，使学生成为课堂的主人，最大限度发挥学生的主动性，锻炼学生的思维与分析能力。

（3）采用习题为主线串联课堂内容，虽然课堂是历史课堂，但习题并非完全局限于历史习题，还可以与语文、政治、地理等学科进行综合，以其他学科的内容辅助理解历史学科内容。例如，很多语文高考中就有阅读材料节选于小说《微纪元》，科幻小说虽在我国仍属于较为冷门的文学类型，但年轻人的未来感很强，以高中生对科幻的敏感度是足以理解科幻小说的，而科幻小说中的许多名词是现实的反映。

习题是在课堂中引发思维碰撞的最简单的方式之一，学生对于问题可能会有教师意想不到的见解，教师一方面可以从学生的回答中帮助学生查漏补缺，了解学生对某个知识点的掌握情况；另一方面可以通过学生的想法学习到新的观念。学生之间也可以因为存在不同的见解而相互"争辩"，这里的争辩不是吵架更不是无理取闹，积极的争论反而会促使学生反思自己的思维漏洞，学习他人的思维逻辑，增加学生的学习兴趣。而且以习题作为主线，学生的参与度会很高，因为随时可能被教师提问要求发表自己的看法，因此这样的课堂上，学生的注意力较平时更为集中。学生答对了问题教师要大力鼓励，即使答错了教师也不会批评，只会指出其不足，再一步步引导学生，不论正确与否都肯定学生的思考。发挥学生的主体地位与教师的引导作用，学生既能提高应试水平又能增强思维能力。

（五）主线式教学方法的成效分析

1. 体现学生的主体地位

对于历史的态度大多数学生都是喜欢的，然而能否让学生在喜欢历史的同时也喜欢上历史课则是历史教师需要解决的问题，这取决于历史教师对历史课程的编排，优秀的吸引学生的教学方法才能提高学生对历史课堂的兴趣。主线式教学法虽然是针对教师的教学方法，但立足点还是为了让学生更好地学习。因为素质教育要求学生在课堂中的主体地位，而主线式教学法以主线串联知识，主线的行进过程需要师生的共同参与，这对发挥学生的主体作用有很大的意义。教师需要做到的就是明白自己并非教学过程的主体，转变传统的教学观念同时完成角色转变，由"教导者"变成"引导者"，明确学生才是教学中应发挥主体作用的角色。课堂是学生学习的课堂，而不只是教师讲授的课堂，因此教师需要做的事是在课堂内容与学生之间架起桥梁，让学生通过桥梁自主获得知识，而不是教师直接将知识堆砌在学生的面前。二者之间的差异就在于，学生是不是积极主动地学习，因此在使用主线式教学法时应注意突出学生主体地位。在历史课堂中，教学目标的完成需要师生双方的积极配合。一方面，教师需要以引导者角色，在主线的梳理过程中，借助问题等形式使学生思维不断运转，培养学生的创新精神和思考分析能力；另一方面，教师在教学之前需要充分了解每个学生不同的学情，根据学情不同与学生认知水平的差异调整主线的细节，尊重学生的主体性。

在教学过程中注意启发引导学生的思维，而不是直接灌输给学生现有的知识。高中教师在使用主线式教学法时，应该明确自己虽然是课程开发者，但服务对象是学生，要尽量满足学生的好奇心与求知欲，鼓励学生大胆提出自己的想法，发挥学生的个性才能，发挥其主动性。

2. 引导学生主动思考

高中学生的求知欲许多都来自好奇心，换言之，教师在课堂环节中能吸引学生的好奇心，学生就会开始自主地思考和探索。发现问题是解决问题的第一步，学生发现问题后先要会尝试用已有知识解决，主线正是给学生提供了这样的一条思路。教师设计的主线中，各环节内容是环环相扣、关系密切的，尤其在问题主线中更加明显，前一个问题的答案可能正是下一个问题的题干，这样的设置之下，学生自然可以利用已有的旧知识解决全新的问题，当学生习惯于自己主动发现问题并思考答案时，学生的主动思维能力已经养成了。即使学生原有的旧知识无法解决新问题，学生也会去主动寻找答案。而不是像传统的教学过程中，学生几乎没有多余的思考，只是接受了教师所传授的内容。

而运用主线式教学法的课堂，不是单纯地讲授知识点，更重要的是在过程中培养学生的思维能力、发现问题的能力及整合历史的能力。主线式教学法帮助学生对历史形成更清晰而整体系统的认知，对其中的历史细节也更容易有精确的把握。例如，可以选择学生较为熟悉的明清王朝，因为有关这两个朝代的影视剧是学生日常生活中接触最多而最熟悉的。但是真实的历史却与影视剧出入很大，二者形成强烈对比，学生的好奇心与求知欲就被激发了，学生对与本身自己认知不符的事件更容易产生探究的欲望并以此激发学习的兴趣，使课堂更生动有趣。

3. 提高了课堂教学效率

在课堂中不论使用何种教学方法，都要立足于课程标准的要求和教学目标的完成。而采用主线式教学法代替传统教学法的根本原因也是为了更好地完成教学目标，提高教学效率。从学生的角度来看，主线能吸引学生注意，激发学生的学习兴趣，让学生跟随主线一起主动思考，学生能最大限度利用课堂时间，这本身就是提高教学效率的根本方法。另外，从教师的角度来看，设置主线的时候就已经将本课的教学目标融入其中了，所以教学时方向十分明确，需要解决的问题也已经提前设置完成，主线中的每一个线索都有其目的，都是为了完成教学目标而设。所以课堂的时间可以被充分利用，课堂中很少存在无用的环节，教学效率得到了提高。

（六）主线式教学方法的问题反思

在高中历史课堂中运用主线式教学法，是培养学生整体思维的有效方法，对目前的高中教学实践有一定的指导意义，但在使用过程中，教师仍须注意以下方面：

1. 教学法要为课堂服务

教师在使用主线式教学法时首先需要明确的一点是，设置教学主线的目的最终还是要为教学服务，主线式教学只是方法和手段而非教学的目的，教学的目的是让学生更好地学习、更高效地实现教学目标。因此，对于任何教学方法的利用都应该是合理的，不能为了使用主线式教学法而在不合适的课堂中强行使用。一种教学方法一旦被广泛使用，那么在使用的过程中就很容易只知其"形"而忽略其"神"：教师在使用时可能只注重线索的把控和连接，反而忽视了更重要的构成线索的一个个知识点，而这些被忽视的知识点很可能是教学中的重难点所在。这样被误用的教学方式不仅没有达到主线式教学法所期望的提高课堂教学效率的目标，反而拉低了效率，学生的思维也得不到很好的锻炼。所以，教师在利用教学法时，应综合考虑各方面的因素，合理运用各种教学法，把每种教学法都用于其最适合的课堂之中，竭力发挥每种教学方法的最大优势。

2. 教学要基于学生学情

由于用主线串联历史，有时会过于注重历史线索连接的流畅度，而导致有的知识点讲解比较快，可能使习惯了传统教学法中每个知识点都具体拆分讲解的学生有不适应之处，觉得一时难以接受。针对这样的情况，教师要做的首先应该是深入了解学生的学情，了解学生的知识水平与思维能力等方面的基本状况，并根据不同班级学生的不同学情适当改进自己的教学方式。如在学生对主线式教学法感到很不适应而认为学习压力过大时，此时教师可以将学生熟悉的传统教学法与主线式教学法相结合，将"大主线"拆分为学生更易接受的"小线索"，同时加入学生更熟悉的知识点的讲解，使学生逐渐适应主线式教学法的节奏之后，再逐步转化为更完整清晰的主线式教学法。学生在传统课堂中还可能养成了仅听课而不主动思考的学习习惯，改变这一学习习惯也不是一节两节主线式课堂就能完成的目标，因此教师在初使用主线式教学法时可能并非所有的学生都能跟上教师引导的思维方式，这时教师也不用太过着急甚至干脆觉得主线式教学法无效而直接放弃。教师此时要针对学生的不同接受能力给学生一个慢慢适应的过程，并在此期间引导学生，培养其创新精神和自主思考能力，在潜移默化中影响学生的思维方式。

3. 主线的设置需要巧妙

主线式教学法的教学中心就是主线的设置，主线的设置应巧妙而不能过于生硬。因此教师需要在教学前努力提高自己的专业知识和教学技能，更需要在教学过程中不断完善教育机制。因为课堂虽然是教师在备课环节已经预设好的，但真正的教学实施过程中，往往会出现许多意料之外的场景。这时教师虽然已经在课前完整设计好了整节课堂，也同样需要教师在遇到意外问题时灵活应对，因此主线的设置应灵活巧妙，可以有一定的根据不同课堂氛围、学生表现而更改的余地。一节课学生需要掌握的知识及需要完成的课堂目标是相对固定的，但教师对课堂的组织方式可以有很大的变化，而主线式教学法的特性正是可以灵活改动，教师在教学过程中可以随学生的不同而改变主线组成中每个相关知识点的讲解，因此教师在使用主线式教学法时需要好好利用这一特性，为学生创造灵活多变的课堂，激发学生的学习兴趣，增强其思考能力，使学生学有所得，在轻松活泼的课堂氛围中主动地学习知识。

4. 教学法不会孤立存在

在实际的高中历史课堂教学中，很难仅存在一种教学方法就完全贯穿整节课堂，即使是传统教学中，也并非教师一人的讲述，而穿插着提问法、讨论法等多种教学方法，主线式教学法也不例外。现在已经有了许多优秀的历史课堂教学法，教师在运用主线式教学法的过程中，也不应该排斥其他优秀教学法的有效性，在运用主线式教学法的前提下也可以多利用其他的教学方法帮助学生理解记忆。最好不要存在太绝对化的观念，要理解在教学中同时使用其他教学法也是为主线式教学法服务的，为了启发引导学生思考的，目的是让教学更顺利地进行。教师同时并灵活组合几种不同的教学方法也是其专业水平高的一种体现，而只固定运用某一种特定的教学法反而是不科学也不利于师生双方进步的。

二、启发式教学方法

启发式教学是各种教学方法的灵魂，应渗透在教学活动的各个方面，并贯彻教学过程的始终。教师在典型示范与一般要求相结合、讲授与引导相结合、肯定与补充相结合的原则指导下，可采取多种多样的形式进行启发。

第一，正问启发。正问启发是教师最常用的一种启发形式，即依据教学的重点、难点，提出富有启发性的问题，它往往在教材的关键处、转折处和引申处等提出"为什么"，提问要问到"点子"上，要有一定的分量，也要难易适度，有利于师生间的共鸣。同时，也要指给学生正确的思考方法，使学生用正确的立场分析问题。

第二，反问启发。反问启发是教师从问题相反的角度或其他角度提出问题，激发学生的思维，深化学生对历史知识本质的认识和培养学生分析问题和解决问题的能力。

第三，观察启发。观察启发是利用图片、实物、幻灯和录像等增强学生直观形象的渲染力，形成历史表象和形象思维，然后在教师点拨和启发讲解下向逻辑思维转化，使学生找出规律或加强历史知识本质的认识。

第四，情境启发。情境启发是教师用高尚激越的情感、妙趣横生的艺术语言，或用电教的手段来渲染气氛，烘托主题，使历史事件或历史人物栩栩如生，形成一种意境，来增强情绪记忆，并使学生从中受到教育。

第五，推理启发。推理启发是依据历史发展中的因果关系和内在联系，启发学生进行逻辑推理，从而得出正确的结论。

第六，判断启发。判断启发是依据史实，经过点拨，把认识提高到能反映事物发展规律的高度上，来判断历史结论的是与非。

第七，对比启发。对比启发是将一个问题对应的两个方面，或截然不同的历史知识加以对比，经过启发，使学生加深对知识内涵和外延的认识。

第八，类比启发。类比启发是将某些有共同属性的历史知识归类，进行比较，启发学生找出异同，使学生准确地把握历史知识的真谛。同时，对提高学生鉴别能力也大有益处。

第九，辐合启发。辐合启发是将某些历史事实进行综合，经过启发，得出合乎逻辑的结论，使学生对历史知识由感性认识上升到理性认识，获得深刻、牢固的概念或理论。

第十，扩散启发。扩散启发是以某个问题为中心，多角度发问，让学生层层深入思考，重新组合知识，多方掌握知识，是一种有多种答案的思维启发形式。它可以培养学生的变通能力，同时也能激发学生的积极性和创造精神。

启发式的形式可以多种多样，但原则只有一个：就是在发挥教师主导作用的前提下，充分调动学生的积极性、主动性和创造性，是以学生掌握知识、培养能力和思想教育为目的的。

第二节　开放式与讨论式教学方法

一、开放式教学方法

"在现今的高中历史课程教学当中，学界多倡导一种师生双边活动课形式，即让学生参与到课堂教学中来，引发学生学习的兴趣，调动学生学习的积极性，并实现启发学生思维，培养学生理解、接受知识，分析、解决问题能力的教学目标"。[1] 在有限的课堂授课时间里，如何打破传统教学模式，构建一套新的教学程式，怎样高效地实现教学目标，提高教学、教育的质量，是需要重点关注的问题。

（一）开放式教学方法提出的依据

1. 现实依据——传统教学模式的流弊

普通高中教育是在义务教育基础上进一步提高国民素质、面向大众的基础教育。随着社会经济的发展，传统普通高中历史课程呈现出许多不能适应社会发展要求、不利于学生全面发展的问题。就高中历史课程教学的传统模式而言，大体上遵循这样一个流程：教师引导学生复习旧课—引入新课—讲授新课—巩固新课布置作业。这样的教学流程在知识点的传授方面是很有成效的，但是却过于强调教师的主导作用，而忽略了学生的主体地位和学习主动性，教师与学生的双边交流仅限于一问一答这种简单的模式上，即使教师的课堂教学水平再高，也难以摆脱传统教学模式的流弊。若以这样的流程进行教学，则培养出来的学生的动手能力、独立思考解决问题的能力及获取新知识的能力基本上都处于较差的水

---

① 蓝海丹：《高中历史开放式教学模式的构建》，载《广西民族师范学院学报》2012 年第 29 卷第 1 期，第 134 页。

69

平。传统高中历史教学模式存在的缺陷必须通过教学改革来弥补，吸收高中历史教学改革成功的经验，解决目前高中历史教学中所存在的问题，全面发挥普通高中历史课程教育教学在提高现代公民素养，特别是提高学生学习和动手能力方面的作用。

2. 实施开放式教学模式的理论支撑

高中历史教学任何模式的创建与实施，必须有科学的理论依据作为指导，否则会导致历史教育方向性的偏差，结果是适得其反。高中历史教育教学方式改革的根本依据就在于《普通高中历史课程标准》（2017年版2020年修订，以下简称《高中历史课标》）。只有深入学习和领会《高中历史课标》的理念和精神，高中历史教学改革才能符合主流方向，才能有的放矢。高中历史开放式教学模式就是在紧扣高中课程标准的要求的前提下，结合高中学生历史学习特点提出来的一种较好的教学方式。

（1）《高中历史课标》对现实世界开放性及其对人才培养的影响的判断，是实施开放式教学的根本理论依据。《高中历史课标》指出，21世纪，人类加快了向现代社会迈进的步伐，科学技术、文化思想日新月异，国际的交流不断加强，竞争日趋激烈。这提醒所有的历史课程实施者，现阶段的高中历史教育教学是在科学技术高度发达、文化思想日新月异和世界各国大开放、大交流的时代背景下进行的。同时，中国国际地位和国家发展方略决定了中国在世界变革与开放时代背景下必须进一步以更开放的姿态融入世界。培养的人才必须有广阔的世界眼光和强烈的国际意识。世界眼光和国际意识的培养就必须采取开放式的教学方式。

（2）《高中历史课标》给课程性质的定位是实施开放式教学的重要理论依据。《高中历史课标》指出，普通高中历史课程是用历史唯物主义观点阐释人类历史发展进程和规律，进一步培养和提高学生的历史意识、文化素质和人文素养，促进学生全面发展的一门基础课程。通过该课程学习，能使学生了解人类社会发展的基本脉络，总结历史经验教训，继承优秀的文化遗产，弘扬民族精神；学会客观地分析问题、解决问题；学习从历史的角度去了解和思考人与人、人与社会、人与自然的关系。

《高中历史课标》对课程性质定位的描述中的关键词句要重点理解和琢磨。例如，"阐释人类历史发展进程"和"了解人类社会发展的基本脉络"表明历史发展的进程脉络是古今中外长时段的动态演进过程，没有开放式的心态，没有宏观视野就难以做到"阐释""了解"。又如，"总结历史经验教训"既有古今中外的历史经验，也有正面反面的经验，这必须是多维度、宽视野的总结，因此必须培养学生开放性的发散思维。

（3）高中历史新课程的基本理念是实施开放式教学的直接理论依据。《高中历史课标》指出，普通高中历史课程的设置，要体现多样性、多视角、多层次、多类型、多形式地为学生学习历史提供更多的选择空间，有助于学生个性的健康发展。课程的设计与实施有利于学生学习方式的转变，倡导学生主动学习，在多样化、开放式的学习环境中，充分发挥学生的主体性、积极性与参与性，培养探究历史问题的能力和实事求是的科学态度，提高创新意识和实践能力。与其他人文社会科学课程相比较，历史对于学习者而言是一种不可以复制和再现过去的知识，要从过去的历史事项总结抽象的历史经验和规律，具有一定的抽象性和较大的难度。只有给予学生学习的多重选择空间，只有在多样性、开放式的学习环境中，师生互动才能克服学生对历史课程学习的枯燥和乏味，只有师生、生生之间的思想交锋和碰撞才能激起思想火花，才能品味到历史学习的乐趣和意义所在。因此，实施开放式教学是高中历史新课程保持吸引力和生命力的根本要求，也是落实课程任务的根本要求。

（二）开放式教学方法的多向程式

1. 教师要科学地设计教学问题

教师按照教学目标的要求设计了一些课堂疑问，让学生就着这些问题去思考。设计的问题应该具有科学性和兴趣性，这些问题既能把教材的知识点、重点、难点高度概括出来，又能激发学生学习新知识的欲望和感知新课的兴趣，所设计的问题能够满足不同层次学生对知识的需求，让他们在思考中体会到学习的乐趣。

2. 引导学生带着问题进行阅读

让学生带着问题去阅读、感知教材，做好读书笔记，并独立找出答案或解答的思路、方法。要求学生做到四个方面：①阅读每个目录，要求熟知每个目录之间的联系，掌握各章节之间的关系；②列举本课的知识点；③找出本课的重点；④针对问题提出自己的解答思路、答题要点。

3. 教师分析整理知识结构与线索

教师用最简捷、最准确的语言和文字分析本课的地位作用，使学生能够加深对知识的理解，准确掌握本课的知识结构以及它与其他章节之间的联系。

4. 教师评价学生的自学结果

教师引导学生根据教学内容所设计的问题开展讨论，提出答题的思路和方法。教师再根据学生们讨论的内容进行点评。点评时，教师应该把握好三个方面的原则：①学生回答时，知识要点是否全面，避免疏漏；②学生答案的思路是否清晰，避免杂乱无章；③学生答题的观点是否新颖，有创意，避免肤浅。

（三）开放式教学方法的难点思考

开放式教学新程式的构建还处于探索、尝试阶段，其自身仍有许多不足之处亟须完善，在实施过程中还有些难点问题值得重视。

（1）如何保持课堂有效性。必须与时俱进，破除传统思想的桎梏，适时转变观念，寻求以创新为本质的教学新策略，根据社会现实和教学需要及时优化教学内容，对教材进行个性化处理，精选核心教学问题，注重能力立意，做到"形散神聚"，不偏离课堂有效教学的总体目标。

（2）教师的综合素质能否应对开放式教学提出的知识挑战。开放式教学不仅要求教师"自信"，还要求教师"自强"，教学方式的转变要求教师及时更新知识，及时跟踪人文社会科学研究的最新趋势，注意跨学科的知识渗透，树立历史是时间、地理是空间、政治是观点的"综合文科观"，从历史角度重新认识人与人、人与社会、人与自然的关系。

（3）如何科学全面评价开放式教学的实际效果？在应试教育尚未完成向素质教育转变的过渡时期，任何教学改革都面临着这样的问题：教学方式符合素质教育要求，但评价方式却依然是传统的应试方式。尽管学生综合素质有所提升，但是这些提升在应试环境下能否体现在学生应试考分之中？如果无法体现，那么在现行教师绩效考核的劳动成果分配框架下，如何去保护开放式教学实施者的积极性？尽管开放式教学新程式的构建面临一些困境，但总体看这种教学模式无疑是顺应了当前中国教育体制的改革，符合中国素质教育的要求，它在教学上的应用，将会给传统历史课堂教学以耳目一新的感觉，因此其未来发展的空间是宽广的、潜力是巨大的。

二、讨论式教学方法

（一）讨论式教学方法的理论支撑

1. 学习动机理论

学习动机理论认为：个体产生行为并在与外界建立关系的过程中，获得个人控制感和胜任感，从而形成积极学习和成长的先天能力。这种理论反映到课堂上就是如果教师能够在学习方面给予学生尊重和支持，并且在课堂上提供机会让学生自己做出决策，那么学生学习的激情就会比较高，学习的动力就比较大，学习质量就会上升。

讨论式教学法在实际课堂教学运用时，所有学生都会参与其中，大家在讨论的进程中就可以学到很多知识，在讨论过程中，教师要创造机会让学生来展示自己，从而增强学生对学习的自我责任感，提升学生自主学习能力，激发学生主动学习的欲望，提高学习效率。

2. 发现学习理论

学生在学习的过程中应该是一个探究者的身份，而教师的作用就是帮助学生创造探究知识的情境，让学生自己发现知识和探究学习方法，这样的教学才有助于培养学生主动学习的积极性和获得良好的学习效果。对于学习历史来说，学生学习和历史学家的研究在一定程度上是有相似性的。历史学家能够发现的一些历史规律，学生用类似的方法也可以获得。学生在学习上不是被动等待，而是主动去探索。

3. 主体教育理论

讨论式教学法强调教学过程中学生的主体性，但是学生主体作用的发挥是需要教师的指引的，因此在教学过程中必须处理好教师和学生之间的关系。

学生不仅是教师教授的对象，还是学习的主人。因此，学生的学习不仅需要教师的指导，还需要学生自己主动发挥自我能动性。讨论式教学法就是要求学生遵从教师的指导，然后根据教师的指示积极地进行讨论，主动解决各种学习问题。这个过程既能体现出学生主体性，也体现了教师的引导作用。

4. 历史学科理论

历史是一门人文学科，它的学科特点要求历史课堂教学要做到：①论从史出，史论结合，讨论式教学法的教学就是要求学生自己结合教师提出的问题去收集资料、筛选资料，然后在讨论式过程中运用自己的资料做依据进行问题的论证，这就是做到了论从史出、史论结合；②育人，历史跟其他学科一样也承担着育人的责任，历史要培养人的历史思维和责任感、使命感的道德责任。讨论式教学在讨论的过程中，学生们相互切磋，这种过程有助于提升学生思辨问题的能力和团队协作意识。此外学生为了自己的讨论式依据，课下需要寻找历史资料，在找寻资料、筛选资料、分析资料的过程中，学生也会感受到史料背后的历史精神，从而培养学生的责任感和使命感。因此，讨论式教学方法非常符合历史育人的要求。

（二）讨论式教学方法的重要意义

通过对近年来流行的一些教学模式的论述，不难发现"教学有法，而无定法"。"教学有法"指的是任何一堂课的开展都要使用一定的教学方法；"而无定法"指的是实际教学中存在各种各样的教学方法。但在实际的高中历史教学中最常用的就是传统的讲授式教学方法，而其他教学方法则使用较少。讲授式教学法有优势，也有不足，并且其不足越来越明显，这也是研究讨论式教学法的原因之一。

1. 符合高中历史教学要求

讨论式教学法能否成为一种常用的教学方法，首先要看它是否符合教学改革的要求，是否与教学改革的目标相一致。当今教育改革的总目标就是变应试教育为素质教育，即教育应向发展人的方向发展，由选择适合教育模式的学生向创造适合学生发展的教育方向发展，由注入式教育向启发式教育发展。要完成这种转变就要对传统课程进行改革，课程改革是教育改革的核心，而课程改革的核心就是要转变课程功能，改变课程过去只注重传授知识的倾向，强调学生积极主动的学习态度，使学生在获得基础知识和基本技能的同时形成正确的价值观。但无论是教育改革还是课程改革，它们的思想和目标最终都要体现在课堂教学中，因此教育改革的关键就是从真正意义上推进教与学，尤其是学习方式的转变。

在传统讲授式教学中，教师负责教，学生负责学，教师教多少学生就学多少。学生是被动接受知识，教师和课本是知识的源泉，历史学习走入"死记硬背"的轨道中，这种教学方式不利于学生创新意识的培养，不利于学生今后的发展，教学改革强调师生交往、积极互动和共同发展，教师和学生分享彼此的思考、经验和知识，交流彼此的情感和体验，丰富教学内容，达到教学相长的效果。

在传统的教学方法中，学生的学习方式是接受式学习，发现式学习受到冷落和忽视，历史课的学习成为一种纯粹被动记忆的过程，转变学习方式就是要转变学生这种被动单一的学习方式，提倡和发展多元化的学习方式，如自主式、合作式、探究式等，特别要提倡用参与式的教学活动来改变学生的学习方式，使学习成为一种发现问题、提出问题、分析问题、解决问题的过程，在教学中强调课堂讨论，鼓励学生积极探究问题，形成自主学习的习惯。

总而言之，无论是教育改革、课程改革还是学习方式转变，其总目标都是要突出学习过程中学生的主体地位。讨论式教学方法是以学生为中心的一种教学方法，它强调师生互动和生生互动，它的核心内涵符合教育改革的要求。

2. 切合高中历史教学目标

高中历史的课程目标就是我们熟悉的三维目标，即知识、能力、情感。传统的讲授式教学认为知识目标是最重要的，知识目标是基础，在知识的基础上加强对学生学习能力和情感的培养，实际上，在这种"知识中心"思想下培养出来的能力主要是为应试服务的做题能力，这种能力符合应试教育的要求而不符合今天提倡的素质教育的要求。知识的价值在于作为思考的焦点激发各种水平的理解，而不是作为固定的信息让人接受。知识的掌握是形成思想和能力的基础，但是这并不意味着历史的学习就应该以传授知识为中心目标，这与素质教育的思想相悖。

现代教育对学生的要求不在于学生拥有多少过去的知识，而在于是否有独立学习的能力，是否具有创新精神，是否有发现和解决问题的能力，因此培养和发展学生的能力成为今天教育的主要目标。中华人民共和国教育部颁发的教学大纲把历史学科能力分为四个层次：学生自主学习探究的能力，运用史料的能力，历史思维能力，阐述、分析和解决历史问题的能力。在讨论式的课堂中，课前，学生需要根据教师设定的讨论问题，自己查找和筛选历史资料，在正式上课时运用自己手中的资料和教材进行小组讨论，在与同学的思维碰撞中得出自己的结论，并且可以对他人的看法提出异议，最后将自己完整的看法进行归纳总结，解决教师设定的问题。整个过程充分体现了学生四个层次能力的培养。因此，讨论式教学方法有利于更好地实现历史教学目标。以对"新文化运动"评价为例，提前让学生收集资料，进行整理归纳，写出提纲，做好准备，在正式上课时阐述自己对新文化运动的看法，并对他人的看法进行质疑，经过讨论，学生会对该历史事件形成比较完整的认识和看法。

3. 适应高中历史教学内容

传统的观点认为教学内容就是教材，教材就是教科书，教学就是教学生学习教科书。但是现代观点认为教科书并不是唯一的教材，凡是承载教学内容和信息的物化的材料，乃至教具，都是教材。以历史教学为例，历史教材应该包括：教科书、教学参考书、学生练习册、历史文献资料、历史著作、历史理论书籍、与历史有关的图像资料、与历史有关的音像资料等，因此高中历史教学的内容不仅仅是教科书，但还是要围绕教科书展开，教科书仍是指导我们学习的基础，其他教材作为补充。

讨论式教学方法在一定程度上打破了以教材为主的教学方式，使用这种教学方法需要大量的课外知识，但这并不是说讨论式教学方法是跟教材脱轨的。无论如何改革教育，高中学生的课程还是以教材为主，讨论的问题往往是教材上的重难点知识，如辛亥革命的评价、新文化运动的评价、儒学思想的意义等，只是学生在讨论过程中使用到的不仅仅是教材上的内容，还需要大量的课外知识去支持自己的论点，历史教材中许多重要的历史事件和人物可以使用讨论式教学法进行，因为历史学科的一大特点为历史是一种对人的认识，许多的历史现象和历史人物都可以见仁见智。这样一来，在讨论式教学的课堂上教学内容就不仅仅是教材了，还有大量课外与历史有关的知识，因此讨论式教学法在教学内容的处理上更具有现代理念。

（三）讨论式教学方法的一般原则

讨论式教学方法在课堂运用时需要遵循一定的原则：全体性、平等性、实效性、秩序性、批判性、趣味性、民主性。

1. 全体性原则

在运用此教学法进行课堂教学时，需要遵循全体性原则，讨论式教学方法要求全体学生和教师都参与其中。传统的教学方法强调的是教师的教，对学生的感受关注较少，学生的课堂存在感较低，学生长久地被忽视势必会影响教学的质量。但是教师在用讨论式教学方法教学时，如果方法得当，则可以调动学生的热情，从而使所有学生都加入到讨论中来。为了达到这样的课堂效果，教师在上课前，一定要先把需要讨论的问题提前告知学生，方便学生做好知识和心理的准备，学生可以从自己的学习基础和兴趣爱好出发去查找相关的课外资料。但是教师在讨论问题的准备上一定要做足功课，设计的问题要难易适中，合情合理，符合教材内容和教学大纲要求，让学生能够有话可说，有话想说。

2. 平等性原则

在进行讨论式教学时，教师要有这样的意识：教师和学生处于平等的地位，这种意识是打造和谐师生关系的思想基础。新课改也对师生关系提出了新的要求：师生之间应该是一种相互包容、地位平等、互相尊重、互相学习的关系。在新型的师生关系中，教师不是高高在上的，而是一个引路人的角色，学生不再只是接受者，而是学习的主角。教师要以一种平等的态度与学生进行讨论和交流。

3. 实效性原则

每一节历史课都有重难点知识，每一节历史课都有相应的教学目标，在实际教学中，教师不仅要让学生掌握重难点知识，也要让学生掌握一些学习方法。但是在现实中，由于教师的课堂掌控能力不足或者问题设计有些欠缺，课堂上看起来热闹，然而学生根本就没有理解本节课的重难点知识，教学目标也没有完成，整堂课流于形式，那么这堂课就是无效的。因此，教师不能只做足表面功夫而忽视课堂效率和教学目标。讨论问题的设计一定要紧紧围绕教学目标而展开，当发现学生的讨论与教学目标无关时，教师一定要及时禁止，将学生思维引导到课堂教学中来，这样的讨论才是有效的。

4. 秩序性原则

教师在传统的教学中是占主要地位的，整个课堂教学以教师为主的，因此课堂的纪律和秩序比较容易掌控。然而在课堂中运用讨论式教学方法，由于这种教学方法自身的特点，使得课堂的纪律和秩序相比传统教学要难以控制，这就对教师的课堂管理能力提出了挑战。教师要时刻关注学生学习动态，当发现学生的注意力分散、讨论的话题与教学无关时，教师必须及时进行劝导制止，把学生讨论的话题转移到教学上来，禁止跟教学无关的行为，从而恢复正常的教学秩序。

5. 批判性原则

学生在上课时如果带着一种批判心态，那么他们会更愿意聆听别人的想法，并且愿意去询问和探索。批判性讨论是一种怀疑、争论、反驳的过程。当听到有价值、论据充足的观点时，要么及时修改自己的观点，要么坚持自我。当各种观点层出不穷时，这种氛围才更容易激发学生思维的运转，更容易产生一些创新的想法。

6. 趣味性原则

无论采取何种教学方式，都无法忽视"趣味性"这个关键原则。在历史课堂上，设计一些有趣味性的问题，更能激发起学生学习和讨论的欲望。中国上下五千年的历史中，具有神秘和趣味色彩之处很多，教师要善于发现这些话题，使其为课堂教学服务，同时也可以拓展学生的历史视野和丰富学生的历史知识。例如，夏商周的历史距离学生的生活实际较远，涉及的分封制和宗法制的知识点不容易被学生理解，此时教师上课时可以向学生出示夏、商、周三个朝代的地域版图，让学生看着地图思考相关问题，学生就会显得高兴和兴奋，提出很多自己管理的想法，其中就有分封制和宗法制的核心内容，这节课的教学内容就在学生欢快的讨论中学习了。

7. 民主性原则

每个人都有言论自由，不能拒绝任何同学发言，必须坚持民主性原则，只有这样才是真正的讨论。讨论式教学方法是让所有学生都有机会参与的一种教学方法，让每个学生都拥有说出自己想法的机会，不管这种观点是对是错。即使学生的答案比较偏颇，教师也要以鼓励为主，适当引导。这样学生才敢在课堂上表达自己的想法，才会积极去思考、去探索。在使用讨论式教学方法上课时，只要课堂时间允许，教师要让每一个小组都有一次发言的机会，并且教师要提前规定，每个小组的每个成员都必须至少要充当一次小组代表进行发言，尽量照顾到每一名学生，让所有学生都有展示自己的机会。

（四）讨论式教学方法的优劣势

1. 讨论式教学方法的优势

（1）发挥学生的主体作用。使用讨论式教学方法一个重要的意义就是发挥学生的主体作用。讨论开始前，教师要求学生自己去查询资料，这个过程中学生就会对资料进行筛选，这锻炼了学生甄别资料的能力，讨论进行时，教师把课堂交给学生，学生就教师提出的问题进行争论和探讨，讨论结束后，小组代表发言，学生在组织语言的过程中会锻炼其历史思维，培养学生的历史意识。整个流程全部是围绕学生展开的，学生的主体性发挥得淋漓尽致。

（2）提高学生的综合能力。讨论式教学的课堂上，学生要对教师设计的讨论问题进行仔细思考，这样才会形成自己的看法，有话可讲，不至于当别的同学对自己的观点进行质疑、辩驳甚至否定时，自己毫无招架之力。如果自己的准备工作做到位，胸有成竹，那么面对别人的挑战，不仅不会慌神，还会用有力充足的论据去反驳对方，学生的独立思考和语言表达能力都会提升。讨论式教学为学生营造了一种宽松的课堂氛围，这种氛围可以让具有创造性思维的学生来表达自己的创新想法，各种各样的创新观点就会产生，学生的创造性能力也就不由自主地提高了。在课堂中使用讨论式教学方法，学生的耐心、自信心、毅力等方面都会受到一定的挑战，一旦学生在这些方面经得住考验，就会形成一种鲜明的个性特征。

（3）激发学习历史的兴趣。兴趣是人们力求认识某种事物和从事某种活动的意识倾向，它表现为人们对某种事物、某种活动的选择性态度和积极的情绪反应。兴趣是非智力因素的核心，也是学生主动学习的内在动力。从这两句话中可以看出兴趣是学习最好的教师，在讨论的历史课堂中，学生课下可以就自己感兴趣的某段历史进行了解，然后在课堂允许的时间内直抒己见，其他人可以对该学生的言论进行适当评价，评价出哪个部分的发言比较出彩，哪些方面还需要完善，学生心中的想法得到了释放，就会表现得更加活跃积极，学生学习的兴趣也就由内到外地被激发出来。

（4）构建新型的学生观、教师观和学习评价观。我国的新课程改革提倡自主、合作、探究的学习方式，而讨论式教学法就是这样一种学习和教学方式，如果这种教学方法在高中历史教学中长期使用，那么高中学生就有自己的思考、自己的想法，这种认识有利于构建一种全新的学生观。学生观得到了改变，教师观也不能一成不变。在讨论式课堂中，教师会深刻体会到教学不只是简单的知识传送，而是知识的进一步加工，在这里，教师扮演的是引导者的角色，引导学生从已有的知识中衍生出新的知识。一种新型的平等、包容、尊重的师生关系就产生了。

2. 讨论式教学方法的劣势

（1）教师缺乏相应的培训和教学经验。目前，受应试教育的影响，部分高中教师在高中历史教学中仍然使用传统的讲授法，毕竟传统的讲授法十分适用于我国目前的教育实际。传统教学方法简单易懂便于操作，可以节省时间和空间成本，效果也比较明显。而此教学法在实际操作时要比传统讲授法稍为困难些，也不容易取得立竿见影的效果，运用这种教学方法需要经过长时间的沉淀才可以看到它的效果，这也是该教学法难以推广原因之一。有些教师创新意识和改革意识较强，对这种教学比较感兴趣，也比较乐于运用该教学法于课堂中，但是也有些教师缺乏相应的准备，没有理解其中的实质和核心内容，设计的问题与学生的兴趣和教学的实际需要关系不大，使得课堂的讨论流于形式，没有深度，从而影响课堂的教学效果。如果教师采用这种教学方法，那么就要提升自己的教育教学水平。

（2）如果教师在使用这种方法教学时，教学策略出现问题，那么就会使整堂课显得了无生趣。教师没有事先告知学生讨论的问题，学生课下没有做相应的准备，那么在讨论时学生就不清楚怎么做，这样就无法调动学生学习的欲望，就会降低课堂效率。有经验的教师一定会在课前仔细设计本堂课讨论的问题，并且提前将问题告知学生，让学生课下有所准备，这样在正式上课时学生才会有言可发，整堂课才会充满活力。

（3）讨论式教学方法的实施比较费时费力。在实际的教学过程中，教师们往往认为出现问题的主要原因是自己在实践过程中出现的实际操作问题。其实出现问题不一定是教师的原因，这种教学方法本身也有局限性。在讨论的课堂上学生容易思想抛锚，讨论一些与教学无关的问题，扰乱课堂正常的教学秩序。而且这种讨论式教学，讨论是整堂课的核心，会占用课堂上大部分的时间，因此这种教学方法对教师的要求比较高，它要求教师要严格把控课堂上的教学节奏和课堂上学生的纪律问题。此外，这种教学方法对学生的素质要求也比较高，学生必须具备一定的历史知识和历史素养，可以阅读史料和简单地分析史料，这样的要求对于一些学习成绩不太理想的学生来说比较高，这些学生难以跟上讨论式课堂的节奏。鉴于这些局限性，教师在实际运用中要做到扬长避短，尽量规避这种局限性的产生。

（五）讨论式教学方法的主要模式

1. 情境教学模式

情境教学指的是将教学目的的实现作为目标，以教学实际情况为准，将教材内容设置为出发点，导入或创设具体的情境或氛围与教学内容相联系，引发学生情感共鸣，快速而准确地理解教学内容，促进教学效率提高的一种教学方法。这种教学模式的理论基础主要是建构主义和认知主义。

情境教学模式在实际教学过程中需要遵循一些教学原则：①诱发主动性。为了使学生在一种欢乐轻松的氛围中产生学习兴趣，教师要积极引导学生快速地进入所创设教学情境中，引起学生的学习兴趣，这个过程概括为：创设—探究—乐趣—产生动机。②情境和认知相统一。情境教学模式的目的就是要激发学生的情感和认知，因此课堂上要将情境、认知、情感三者融为一体，情境的创设要为教学目标服务。③重视创新。在新课程改革的背景下，我们的教学理念必须走在时代的前沿，走在学生发展的前沿。用这样的标准来要求教学，那么学生就会进入一个永不结束的"最近发展区"，学生的认知水平会不断提高，学生的历史视野也会越来越宽。

2. 问题探究式教学模式

问题探究式教学模式是指根据教学内容和课程标准的要求，由教师创设问题和情境，引导学生发现问题、探究问题、解决问题，培养学生分析问题的能力，提高学生的创造性，促使学生全面发展的一种教学模式。在问题探究式教学模式中，教师主要担任启发引导的角色，引导学生收集和分析资料，然后学生以小组为单位进行探究讨论，最后归纳总结。教师要给予学生展现自我的机会，把课堂留给学生，课堂上学生之间相互讨论、分析、探究、总结，最终解决问题。

在问题探究式教学模式中学生可以采取自主探究、小组合作等多种探究方式，学生之间可以相互帮助，使知识和能力水平不同的学生可以互补。学生在探究的过程中还可以培养与他人合作、理解尊重他人的优良品质。这一教学模式的最终的教学目标不是为了解决某一个具体的问题，而是培养学生收集、分析、概括和创新的能力，让学生养成合作、创新、坚持的精神品质。

问题探究式教学模式在实际教学中同样需要遵循一些教学原则：①学生的主体性和互动性原则。在该模式中学生是课堂的主体，所以问题情境的创设也要体现出这一特点。②问题的开放性和价值性原则。问题探究式教学模式是以问题为核心的，因此，怎样设定问题、设定一个什么样的问题是该教学模式能够有效推进的关键。③形式的灵活性和趣味性原则。问题情境创设要利用多种要素，如文字史料、图片、图表和数据、音像资料、口述历史和表演历史短剧等，多种方式激发学生的探究欲望。④策略的科学性和有效性原则。实施问题探究式教学模式是一定要讲求策略的。这样才能使该教学模式达到理想的效果。教师在创设情境和设置问题时首先要尽量挖掘教材资源或者贴近教材；其次要重视周边的资源，重视校本资源和乡土资源的开发，重视贴近学生的日常生活，这些都可以成为教学中的资源；最后要重视时事问题，教师一定要关注国内外新闻，用热点、焦点问题让学生了解社会，走近社会。

3. 学案导学教学模式

学案导学教学模式就是以学案为依托，引导学生进行自主学习。学生在学完学案后就可以了解该课的基础知识，然后再与其他同学进行合作交流，从而进一步加深对知识的理解，最后在教师指导下构建出自己的知识框架，并掌握相应的学习方法，这就是学案导学模式大致的教学流程。在此教学模式中，"学案"主要起到一种连接的作用，把学生已有的知识和新知识联系起来，为学习新知识奠定一定的知识基础。"学案"里的内容主要有课程目标、学法指导、知识储备、预习新知、问题探讨、概括归纳、梯度练习、课外延伸、成果检测，学案编写的侧重点会根据课程的不同而不同。

4. 学习中心型课堂教学模式

"学习中心型课堂"是以科学主义理论、建构主义理论和多元智力理论为理论基础，以新课标为要求，以互动、探究为基本学习方式的教学模式。该模式的基本教学原则为："师生互动""问题探究"和"深度学习"。

学习中心型课堂教学模式具体的教学环节为：①分析学情，设定教学目标，教学目标的设定必须以学情为依据，只有了解学生的实际情况，才能设计出比较合理的教学目标；②复习提问，激活已有的知识，在每节上新课之前，针对上课的需要，教师要精心设计好需要学生复习的内容，采用提问、讨论、检测等方式，激活学生的已有知识，从而为新知识的学习打下基础；③精心组织教学，教师要根据学习目标、学生知识储备与理解能力确定教学的重难点，采用恰当的教学方法将其攻破，选择自主学习、合作探究等多种方法进行师生、生生之间互动，为学生展示我的机会；④归纳总结，新知识的学习完成后，教师要和学生一起对本节课的知识进行归纳总结，通过这种方式，引导学生建构自己的知识体系；⑤检测预设目标，评价学生，通过教学预设目标，教师应设计不同的方式，检测学生理解、掌握、运用所学的水平，并对学生在此过程中的表现进行评价，评价要中肯客观；⑥设计作业，反馈教学效果。

学习中心型课堂教学模式的优势在于：有利于激发学生学习历史的兴趣、有利于教师教学观念的更新等。同时该模式的不足和缺陷也显而易见：教师的理论和实践水平还存在差距、学生自主学习的能力较差、实践效果受到推行时间的限制等。

5. 主题教学模式

历史主题教学模式就是以学生为主体、教师为主导的双边互动的体验式的理解的历史教学方式，一切历史"主题"应服务于历史的教学目标。在该模式的实际教学中，历史主题贯穿课堂全程，要不断激发学生探究历史的欲望，允许学生发表不同的观点，使其全面透彻地理解历史的本质。

"主题教学"模式应遵循的基本原则有：①整体性，基于历史"主题教学"模式的思维方法，这就要求教师不论是备课还是具体的课堂教学，不论制定学习目标还是涉及思考问题等，都应做到紧紧围绕主题展开，提炼的鲜明主题必须是统摄教学内容的，这样才能在总体上把握住课堂的核心；②综合性，在历史"主题教学"模式的实施过程中，只使用这一种教学方法是无法完成教学任务的，为了更好地发挥这一教学方法的教学功能，它需要其他历史教学方法的配合；③时代性，教学主题需要密切历史与现实的联系，贴近当下社会、贴近生活，注重主题的历史性与现实性相统一，体现时代特征，历史教学的目的不仅仅是让学生记住书本上的历史知识，更重要的是要让学生学会依据现实和社会的需要将书本上的知识转化成有益的社会实践知识，以达到服务现实和社会发展的目的；④学术性，历史主题的确定要充分考虑史学研究的变化和发展，争取做到将最新史学研究动态呈现到历史课堂教学中，不断地为历史教学补充新鲜内容，使历史课堂带有学术性，成为学术课堂；⑤发展性，教师面对的是生活环境不同、经历不同、价值观念不同、思想各异的学生个体，这就要求历史教师在日常教学中尽量时刻关注每一名学生在生活学习上的变化发展，根据这些观察，教师可以具体地、有针对性地制定教学策略。

总体而言，在历史课堂运用历史"主题教学"模式，可以让学生全面深刻地认识到历史事件发展的历程，开创一个全新的历史教学视角，提高学生学习历史的深度，增强学生思考问题的能力，更好地实现历史的教育功能。虽然高中历史中大多数知识可以应用历史主题教学模式，但有部分章节知识比较独立，很难和其他知识进行整合，使得这种教学模式的应用范围具有局限性；这种教学模式需要教师课前做大量的整合工作，经验或专业素养欠缺的历史教师可能无法驾驭；教学中发现，学生对史料的分析、处理的能力还有一定的欠缺，有待进一步提高。

（六）讨论式教学方法的课堂运用

讨论式教学是以讨论为主要环节的教学方法，怎样组织这场讨论、怎样使讨论顺利进行是课前准备的核心内容，可以说关系到讨论式教学的成败。但是这种教学不同于传统的讲授式教学，因此二者的准备工作也十分不同。在传统式教学中，课前需要做准备的主要就是教师，学生课前需要做的准备较少。但在讨论式教学中，学生要和教师一起来为这堂课做准备，通常这样的课前准备工作需要大量的时间，但是在这个过程中学生进行了参与，他的学习主动性就体现出来了。

新课改理念中倡导教学突出学生的重要性，注重学生的学习过程，我们鼓励学生创新，大胆提出自己的看法，但并非所有学生的创新想法教师都要鼓励。教师不应忘记高中生始终是受教育的对象，他们需要教师的正确指导，因此，讨论式教学课堂中不仅要对学生参与讨论的过程进行评价，还要对学生得出的结论进行评价。总而言之，高中历史讨论式教学过程一般是按照课前准备—组织讨论—小结评价这样的顺序进行的。

1. 课前准备过程

（1）精心准备讨论问题。讨论问题的设计是讨论式教学的关键，问题的设计要符合历史知识体系、学习能力体系和学生最近发展区。历史知识体系反映了历史教材的核心内容，这是学生进行讨论的基本知识基础。学习能力体系包括认知能力、历史思维能力等，反映了教学大纲有关能力方面的要求，这是学生进行讨论的能力基础。学生的知识基础、能力基础奠定了学生最近发展区的基础。因此设计讨论问题时一定要从学生的实际知识水平和能力层次出发，把握学生最近发展区，在教师指导下学生在知识和能力等方面能够达到自我解决问题的水平。简单而言，设计的问题应该是让学生只要努力就能够解决的问题，既不要太深，也不要太浅。

设计讨论问题还要注意对历史事件的选择。人类历史是一个漫长的过程，历史事件和历史人物纷繁复杂，设计讨论问题时尽量选取一些有争议但是又对历史进程产生重大影响的历史事件或历史人物，或者是与当今社会联系密切的热点问题。

设计讨论问题应注意问题的启发性。设计的问题在课本上并没有现成的答案，能够引起学生探索的欲望，学生课下需要去查询资料，筛选资料，分析资料，从而得出自己的结论，并且可能出现多种结论，因此评价性问题更适合做讨论，因为这种问题从思维的逻辑形式上来讲属于一种归纳式问题。

（2）教师要有效指导学生。在正式上课之前，教师要对学生进行有效精确的指导。首先教师要指导学生收集资料，材料收集的渠道是多元化的，教师可以指导学生利用周末时间去图书馆查找，也可以利用网络资源进行查找，还可以跟家里的长辈老人沟通。教师要告诉学生，无论哪种方式获得资料，都必须保证资料的真实性和客观性。其次教师要制定和宣布讨论规则。运用该教学法正式上课前，教师一定要制定并且向学生说明讨论规则，否则课堂上就可能出现多人发言的混乱情况，所以规则是必要的。讨论规则应包括：①别人发言时，其他人要保持安静，仔细聆听别人的观点；②每个小组推荐一名代表发言，小组其他成员可以进行补充，但一名同学只能补充一次；③每个人发言限时两分钟，一堂课最多有两次发言的机会；④学生当想发言时需要举手示意教师，经过允许后方可起立发言。

教师把所有学生分成一个一个的小组，学生以小组为讨论的基本单位。讨论小组一般由6~8个学生组成。在划分小组时，教师要充分考虑学生的知识、性格、性别等因素。教师要尽量使小组成员之间的个性、学习水平、性别上有所差异。

（3）学生要提前熟悉收集到的资料。上课之前学生务必要熟悉教材内容和自己提前收集到的相关资料，在阅读时要带着学习目的，防止泛泛而读，理解不透材料，最好学生是带着历史辩证思维去阅读史料和历史人物。这样对于上课时的讨论有一定的帮助，可以提高讨论的深度。

学生在阅读完成后要做好发言的准备。如果学生没有做好发言准备，那么在实际课堂中就有可能出现学生的发言与课堂讨论主题无关或者是发言时拖拖拉拉，吐字不清，课堂的进程就会放慢，影响教学进度。所以课下学生一定要做好上课发言的心理和知识准备。

2. 组织讨论过程

（1）激趣导课。教师在进入新课之前，可以先进行导课，通过导课快速将学生的注意力拉到教学中。为了使导课充满趣味性，教师可以利用一些史料、多媒体、历史故事、实际生活案例来创设历史情境，让学生在情境中直观清晰地走进历史。

（2）组织交流讨论。组织交流讨论环节是最重要的一个环节，是课堂的高潮部分。历史学科相比其他学科的特点是知识点琐碎，史料史论众多，因此学生经常会因为使用的史料不同，看问题的角度不同，从而而得出的结论也不同。因此在课堂讨论环节，学生经常会出现种种分歧，此时教师必须运用合适的策略来掌握课堂的讨论情况。

第一，组织小组合作的形式进行讨论。在组织交流讨论环节，将学生分成若干小组，然后学生进行小组间的讨论，学生之间相互交流课前自学的概况，一起讨论协商自己在自主学习中遇到的问题。经过这样的交流，学生之间互帮互助的意识就加强了，同时学生在交流的过程中还可以互相辩论，在辩论中解决自己的疑难，学生的发散性思维在这种辩论过程中得到了培养。此时的教师要注意巡视，及时关注各组讨论动态，遇到学生有问题时，教师要及时解答学生的困惑。

第二，教师就学生的共性问题进行点拨。小组讨论结束后，学生要展示小组的讨论成果，教师需要及时对展示成果进行评价。另外，学生可能还会存在一些小组解决不了的疑难困惑，这就需要开展全班讨论，教师可以从旁点拨，尤其是对本节课的重难点，教师一定要及时点拨，确保学生掌握。在一次次的讨论中，学生在无形中就培养出了问题意识。同时，生问生答、生问师答、师问生答多种互动方式，使上课气氛变得轻松、活泼。

在讨论结束后，教师要引导学生对本节课的重点知识进行总结，形成本节课的知识框架，从而加深学生对本节课的理解。同时知识结构体系还有利于学生今后的复习。

3. 小结评价过程

当学生讨论结束后教师要对学生的表现进行评价，这是不可缺少的一个环节。教师的评价原则上以肯定和鼓励学生为主。评价的内容主要包括：首先，小组整体的表现情况，如发言是否积极，观点是否新颖，表达是否流畅，等等；其次，对学生得出的观点进行总结，一般讨论问题都具有开放性，因此教师总结不一定非要得出统一的结论；再次，对学生的观点和思维方式指出优势和不足，给予学生一些历史学习方法指导；最后，可以让学生在本组内互评或小组与小组之间互评。评价环节结束后，教师要为学生布置相应的习题进行练习，以巩固学生的学习成果。

第三节　数字归纳与问题教学方法

一、数字归纳教学方法

高中历史教材中存在着许多现成的史料性数字及大量的数字信息。在课堂教学中，教师若能充分运用史料数字、知识数字信号，就会起到丰富教学、活跃课堂、帮助理解、强化记忆、揭示矛盾、提高认识等作用，有事半功倍的效果。

教师充分应用数字及数字信号于教学过程的方法叫作数字教学法，即教师将教材中极为普通的、枯燥乏味的现成史料数字，如"人口数""面积产量数"等所表示的特殊意义"变活"，变为具体化、形象化、生动化，为学生所关注；将教材文字中贮存的大量知识信息，进行精心提炼，高度浓缩，重新排列组合，使之形成不同的数字信号，以全新的信息传递给学生，学生易读便记，是提高学习效率的好方法。数字教学法，既适用于章节课堂教学授新，如讲授中的比较、图示和结尾时归纳、总结等，更适用于复习教学的归类串线等。

第一，数字归纳组合法。①自然数字排列法，即用"自然数字排列法"归纳小结或复习；②一数概括法，即用一个数字信号归纳小结或复习的方法。一数概括法将共性原理英语于教学，学生掌握共性，知其特征，在授新或复习课中能做到省时、省力地记住知识提高学习效率。

第二，数字图示法。数字是最有说服力的事实。但传导方式不同，结果也就各异。在数字教学中，教师采用图、表等手段，可以使枯燥的数字变得直观形象、新颖，学生就容易接受、理解。

第三，数字比较法。采用数字比较法，加以说明某一历史内容的本质特征，反映其鲜明的特点，使学生加深理解和记忆。例如，讲到古希腊文化一节时，若将历史学家希罗多德（前484—前425）与孔子（前551—前479）的生卒年代做一比较，学生就能很快明白被称为"历史之父"的希罗多德在孔子去世时，年仅5岁，民族自豪感会油然而生。

第四，数字换算法。将在课文中出现的"英镑""美元"和"马克"等学生较陌生的外币价值数据，做现价换算，用人民币的概念加以表示等方法，叫作数字换算法。

总而言之，在课堂教学（特别在复习课）中，教师积极发掘教材，充分运用教学方法，是大有裨益的。其作用主要有：①强化记忆。数字教学法以较奇特、新颖的形式将头绪复杂的历史内容以高度概括，化繁为简，形成"浓缩点"，并使之系统化、规律化，学生听课易懂，复习巩固简便，可起到化难为易、减轻负担、提高记忆效率等作用。②改进课堂教学方法，提高课堂教学质量。数字教学法使枯燥的材料数字及文字知识变得生动、形象、具体，从而能极大地激发学生的学习兴趣，调动积极性，活跃课堂气氛；同时，教师减少了板书内容，节省了时间，课的容量增大，有利于讲练结合，提高课堂教学质量。③揭示矛盾和本质，加深学生的认识深度。数字的精确度、鲜明性提高，能使学生按照思维活动的规律，由表及里，由现象到本质并在教师引导下抛弃个别的、片面的、次要的现象，进一步揭露历史知识中最本质、最核心的东西，从而加深对历史本质的认识和理解。④培养学生的能力。对学生如何做到将历史学活、用活能力的培养及钻研精神和严谨态度的明确都有积极的意义。它可以使学生学会抓住主要矛盾，并做到"举一反三、顾此思彼"、以此类推地去掌握和运用知识，即有利于培养他们的学习方法，提高分析、综合、记忆等多种技能。当然，任何事物都有两面性，数字教学法也不例外，在教学中切不可生搬套用。已知或未知的数字教学法都是多种多样的，作为一名历史教师在今后的教学实践中还应做积极大胆的尝试并不断总结，不断探究出更新的方法。

二、问题教学具体方法

问题教学法源远流长，古希腊就有了问题教学法。20世纪初，杜威曾提倡过问题教学。后来，随着科技的迅速发展，世界性课程改革运动的开展和思维心理学研究的深入，问题教学法受到广泛关注，成为当代教学法中的一员。

（一）问题教学法引入的意义

（1）问题教学法的引入是培养新型人才的客观要求。随着时代的发展、科技的进步，未来社会对人的要求越来越高。新时代所需要的新型人才应当是具有综合素质的人，这种人才不但应具有良好的德、智、体、美、劳基础，而且要有很强的创造和适应的能力。问题教学法对培养、发展学生的思维能力特别是创造性思维能力，是行之有效的。

（2）问题教学法的引入是适应高考历史改革和历史教学改革的必然之举。近年来，全国普通高校招生考试历史试卷明显加大改革力度。一个重要的表现就是提高了考查学生历史思维能力的题目在试卷中所占的比例。这就要求进一步加大教改力度，注重引入类似问题教学法一类的侧重启迪思维、培养能力的教学方法。

（3）问题教学法的引入也是落实《中学历史教学大纲》的要求、培养学生能力的有效途径。《中学历史教学大纲》明确规定：中学历史教学，要求学生掌握基础的历史知识，了解重要历史事件和历史人物，逐步培养学生历史唯物主义的基本观点，以及运用历史唯物主义基本观点观察问题和分析问题的能力。问题教学法的基本精神与《中学历史教学大纲》的要求是一致的，就是旨在激发学生的学习兴趣，调动学生的学习积极性，启发引导学生主动获取、探究知识和思考问题，从而使学生通过掌握知识提高能力、发展智力。

（二）问题教学法的运用方式

问题教学法的核心是问题情境，它包括：①问题情境及其主要成分；②问题情境的分类；③问题情境的设置；④问题情境-诊断智力发展水平和评价教学效果的手段等基本内容。下面着重分析历史教学中问题情境设置的基本方式。问题教学法的创立者总结出一条作为主要的教学原理的问题情境的基本途径：促使学生原有的知识与必须掌握的新知识发生激烈冲突，使学生意识中的矛盾激化，从而产生问题情境。依据这一基本途径，在高中历史教学中可通过下列方式设置问题情境：

（1）通过对有关的趣味史实的叙述创设问题情境。例如，在讲授"唐朝的衰落"一章时，可以先向学生出示了一组唐朝人口增减资料，然后，提出相关问题，通过问题的设置，引发学生思考，进而通过分析使学生认识到唐玄宗前期由于政治比较清明，经济繁荣，人口增长；后期则开始混乱。可见，政治稳定是经济繁荣、人民安居乐业的重要前提。

（2）通过实物、图片、模型展示等直观手段创设问题情境。如讲埃及金字塔时，教师可引导学生观察"建造金字塔"插图，并适时提问："从这幅图你想到什么?"学生从图上具体形象，如230万块磨光的石块、金字塔的精密度等，就能认识到金字塔不仅是古埃及人民血汗和智慧的结晶，也是世界建筑史上的奇迹。

（3）可以从审美角度入手，通过对艺术品的鉴别、比较，设置问题情境。在讲秦始皇统一货币时，教师可以提问："秦始皇为什么要用圆形方孔钱作为全国通行的货币?"教师可以引导学生从分析课文中各诸侯国货币插图入手，当时齐国是刀形币，赵国是铲形币，楚国是蚁鼻钱，秦国是半两钱。通过比较，使学生认识到秦始皇之所以选用圆形方孔钱作为全国通行的货币，不仅因为它是原来秦国一直使用的货币，就其形状而言，圆形方孔钱比其他几个诸侯国的钱更规范，便于铸造，中间有一个方孔，便于携带。更重要的是通过货币的统一，可以促进各地区经济文化的交流，有利于经济的发展和政权的巩固。

此外，教师还可以在对学生学习中产生的典型、普通的错误进行分析的基础上，设置最有利于学生思维发展的问题情境，有时还可以通过当场试验或演示的方法，设置问题情境。

第四节　创造性思维与任务驱动教学法

一、创造性思维教学法

创造性思维论历史教学在现代教育的大嬗变中，应重构具有历史学科特点的素质教育模式，强化创造意识的渗透，塑造学生积极健康的创造人格与个性，培养学生科学的思维方式，提高学生的创造性思维能力，使学生在富于创造的实践活动中得以发展。

（一）创造性思维的教学形式

创造性思维是一种新颖而有价值的、非结论的，具有高度机动性和坚持性，且能清楚地勾画和解决问题的思维活动，它表现为打破惯常解决问题的程序，重新组合既定的感觉体验，探索规律，得出新思维成果的思维过程。在创造性思维过程中，学生高度发挥主观能动性，不囿于成规，突破问题的固定反应方式，从史实的现象及本质中，剖析探索，寻找新切口，得出新的思维结论。从创造性思维内容来看，它包括以下四种形式：

（1）扩散思维，即学生沿着不同的方向进行思考，重组眼前的新信息及贮存的知识，得出独特的、多维的新结论的思维。

（2）聚合思维，即学生根据一定的规则，解决问题或利用已知的信息，产生某一逻辑结论，它是一种有方向、有范围、有条理的思维形式。

（3）立体思维，即从不同角度、不同层次、不同方面，运用多种方法进行综合的多维联体思维。如打破教材体例，分类重组的专题系列。以"中国农业史"为例，它属"中国古代经济史"。狭义看，可析出"工具、农作物、水利、耕种技术、经验总结、历朝农业政策"等各线的演变；深层看，可归纳出理性认识"人定胜天""民以食为天""农本"等哲学观念。如此，通过不同层面的纵横延伸，使问题的广度与深度交叉后，成为新的思维体系。

（4）直觉思维，对客观史实或现象的直接领悟和认知。例如，部分学生阅读《三国志》时，对数条史实颇为留心：①"公至赤壁，与备战不利，于是大疫盛行，吏士多死者，乃引半还。"（《魏书·武帝纪》）②"赤壁之败，盖有运数。实由疾疫大兴，以损凌厉之锋。"（《魏书·贾诩传》）③"曹公军不利于赤壁，兼以疫死。"（《蜀书·刘焉传》）④"赤壁之役，值有疾病，孤烧船自退。"（《曹操致孙权信》）这些学生认定赤壁之战曹军大败不在火攻而在将士患"疫"。这一结论刚好与近期刊行的研究文章惊人相似。可见，直觉思维的感悟作用是很大的。

事实上，创造性思维是一个多层次、多结构的动态分配系统，是以上四种思维的综合，并构筑成四个发展阶段：准备阶段，在获取多种材料及更多的假设与创造思路方面，扩散思维尤显其长；酝酿阶段，逻辑分析相对较少，更多的是快捷、跳跃、直接的直觉思维，可促使潜意识勃发；明朗阶段，多种思维联合运行，直觉思维重在筛选信息，缩小解决问题的思维范围、距离，及时调整思维方向，聚合思维则在科学检验与系统论证，选优汰劣，立体思维重在营造思维广度与跨度；验证阶段，直觉思维使运作向度朝结果向度转化，立体思维则重在多维构建结果向度的整体化。可见，人的思维是一个整体过程，人在思维时，把问题的各个细节同整个情境的结构联系起来加以考虑，从各方面来探索解决问题的可能性，确定整个情境结构内的"缺口"所在，亦即问题所在。因此，功能不同、各具特点的思维形式构成创造性思维过程不可分割的统一整体，成为相互作用、辩证统一的动态认知系统。

（二）创造性思维的教学特性

创造性思维的发展是一个由"潜"到"显"的内化过程，创造力的大小取决于创造性思维的水平。影响创造性思维的因素是创造性思维的品质。创造性思维的品质特征具有流畅性、变通性、独创性、跨越性、深刻性、广博性和预见性。

（1）创造性思维的流畅性。创造性思维的流畅性是指思考和解决问题的思维速度敏捷顺畅。

（2）创造性思维的变通性。创造性思维的变通性，又称思维的自由度，指改变思维方向和范围的能力。

（3）创造性思维的独创性。创造性思维的独创性是指超越固定认知模式，以逻辑与非逻辑的思维巧妙结合，得出新论。

（4）创造性思维的跨越性。创造性思维的跨越性是指创造性思维的广阔容量及跨度张力。即思维主体避开事物"可见度"的限制，扩展思维前进的空间，迅速完成"虚体"与"实体"间的转化。

（5）创造性思维的深刻性。创造性思维的深刻性指思考问题的深度，即善于抓住事物的本质和规律，探幽发微，把握事物发展的方向与趋势。

（6）创造性思维的广博性。创造性思维的广博性是指多渠道、多层次、多手段推导、想象和创意联想。多条思维路线互相渗透、相互作用、彼此调剂，从而实现最优组合。

（7）创造性思维的预见性。创造性思维的预见性是指通过联想，推测未来的发展，它主要是以事物环链模型（即重复出现的现象所形成的规律性）为依据，推测事物发展的"后一环"。

（三）创造性思维的教学活动

创造活动具有双重作用，它增添和开拓出新领域而使世界更为广阔，同时又由于人的内在心灵能体验到这种新领域而丰富发展了人本身。可见，培养创造性思维是提高学生自身素质、完善学生个性发展的重要渠道。近年高考题已有考查学生创造性思维的意向。因此，高中历史教学必须打破传统教育的局限，树立创造的志向，培养创造的才干，开展创造性的活动。实施创造教育，培养创造型人才，可以从以下方面着手：

1. 鼓励质疑、开发思路，多角度引导学生提出问题

提出问题是学生思维活动的开始，有利于启迪学生的创造"潜质"。因此，教师要鼓励学生，敢于怀疑，敢于提出不同凡响的见解。孔子也说，"多闻阙疑，多闻阙疑"，主张广闻质疑。教师可以在以下方面引导学生提问：

（1）善抓"提问"的客观性，加强理性点拨。提问的新奇独特，并非都属创造性思维。教师要引导学生立足于客观史实，围绕其发展过程（或规律），进行合理、大胆的想象，不能置实际于不顾，提出不符合现实的怪论。这些结论都是脱离了客观史实而主观臆断的结果。因此，教师要适时提示，恰当点拨，既要帮助学生树立新颖而独创的大胆想象的意识，也要帮助学生营建创造性思维的理智而清醒的现实定向，在他们思维的内化中，逐步提高创造能力。

（2）深挖"提问"的创造性，注意技能方法的指导。学生通过积极思考，由已知信

息延伸到未知领域，在知识的组合创新中，提高思维的质量。教师要善于授之以渔，教育学生在提问时，兼顾全局，求异标新，把握思维技巧的规律。

2. 转换程序、活跃气氛，营造创造意识的积极环境

培养学生的创造能力，需要良好的教育环境，包括有利于充分发挥学生创造能力的物质环境（如文物、挂图、有关资料等）以及促进学生创造智能发展的心理环境（如情绪、心境、兴趣等）。在教学中，教师要做到以下方面：

（1）改变课堂教学程序，激发学生自主参与，培养创造动机。根据教育的开放性原则，适当改换传统教学模式，开辟宽松的民主教学环境，充分体现学生的主体性，推动学生担任学习主角，加强学生的个体间的信息交流。如以讨论、辨析、导演历史小剧等多种形式，诱发学生进入学习的角色中，在激发其自主意识时，刺激他们的创新兴趣。另外，教师还要允许学生对教师讲课提出的见解（观点、结论）质疑，并调动学生参与，如引导若干学生支持或反对教师的某一观点，通过有序的积极辩论，使学生各抒己见，想人之所不想，见人之所不见，能人之所不能，从而优化学生的创造心理环境，激发他们想象的动力、联想的新颖、思路的开阔，有效调动学生的潜意智能，使之成为创造性思维的策源地。

（2）允许学生走入"误区"，在思维摩擦中，自省自悟。学生在进行创造性思维中，难免出现错误。教师要引导学生大胆冒险，敢于犯错。尤其要注意引导学生正视自己的探索之误。无错无以自悟和更新，这些思维的"黑匣子"，正是打开创造大门的金钥匙。教师要善于以"错误案例"引导学生进行创造，对学生的知识性、结论性、判断性的错误，教师不要马上给予否定评价，而是要以点拨为主，采取激励、暗示、提醒等方式，促使学生继续思维，认清错源，把改进的机会留给学生自己，在矫正误点的同时，促发学生的自悟，启动他们的创造潜能。如果学生的创意思维超过了教师，那么教师更应虚怀若谷、积极鼓励，协助学生，使其思维成果日趋成熟。

（3）加强学生的实践锻炼，向他们提供动手操作的机会。思维是动作的内化，动作是思维的外现。教师要有的放矢地指导学生参与探索性的实践活动，如实地调查、文物考古、模型制造、古画模仿等，使学生感官与感知并用，劳心与劳力结合，激发思维创新发展。例如，教师在指导学生制作"张衡地动仪"的模型时，只提供了一定的数据、原理、外形，学生从自选材料、模具制造到演示，都显示出他们的创意水平。此外，还让学生制作殷墟龟甲、兽骨模型；临摹《清明上河图》《步辇图》《蒙娜丽莎》等。如此多种形式的实践活动，使学生的多功能思维在实践中得以发挥，促进了学生创造意识的发展。

（4）扩大信息输入的容量，加强思维"能源补给"。教师要针对学生旺盛的求知欲及创造个性，善于引进大量的课外知识，加强信息量的补充，使学生在丰富的信息中，活跃

思维，进行创新。如教师可以通过收集报纸、杂志上的相关材料，以及大量其他书刊，组成一个小型历史知识书库，对学生开放。在长期"能源补给"中，学生的创意思维可以得到发展。在教学中，还可以选编大量历史材料，充实教学内容，如讲授世界上最早的日食时，教师可以引用古籍中有关最早记录的材料，"十月之交，朔月辛卯。日有食之，亦孔之丑"（《诗经·小雅》），为学生拓宽知识层面。

此外，还可以将丰富的原材料按教科书的顺序，以章节为线索，配套设计材料解析题。由于材料解析题是一种综合性较强的题型，知识、方法、思维的含量较高，且在有效信息的取舍中，需要一定强度的思维质量。因此，加大材料的容量，既促进学生实弹实战能力，也刺激学生创造潜意识的觉醒。同时还要注意学科间的彼此渗透，如政治、地理、语文、美术及有关自然学科，加强学科横向系统的联结，推动学生思维的迁移、融合、借鉴，加大信息贮量，使之为创造性思维服务。

3. 弃旧扬新、改革教法，加强创造教育实践操作

教无定法，但教可择法，教亦可创法。在培养学生创造性思维的教学工作中，教师要勇于扬弃旧的传统教学模式，选用以适应培养学生创造性思维的新教法，并大胆进行教改，自创新的教育路子，以创造教育为主轴，带动创造教学的研究与投入。教师可以从以下方面着手：

（1）打破思维定式，创设悖逆情境。教师要勇于突破教学常规，以史实为依据，对已形成定论的史实，运用悖逆法，设立新情境，启发学生打破思维定式，挖出教学中的隐性问题，交给学生猜测、推导、反证，启迪思维，使之得出富于创新的结论。这是寻找思维新途径和培养学生的初步史学研究才能的重要途径之一。

（2）利用感性材料，交换思维角度，激发学生的发散思维。高中学生心理学认为学生对新材料、新情境具有好奇的心理。因此，在教学中，教师在充实新材料的同时，抓住学生的新奇刺激下的活跃力，引导学生转到"发散—集中—再发散—再集中"的思维运动轨道上来。开拓未来的学生的教育，必须立足于精选过的教材，使之牢固地掌握创造性思维。在教学实践中，教师应注意精选有关材料辅助教学。

（3）归纳类比，分解组合，实行开放引导，激励学生的灵感迸发。在教学中，教师要运用归纳、演绎、类比等多种逻辑分析手段，帮助学生探索和发现新规律，其方法或者是对学习的内容提出问题与假设，并设计探索程序；或者是对一定史事进行互换、拆卸、嫁接、分解、重组。教学中实施开放引导，可激发学生无意识状态下闪现的灵感，有助于学生创造性思维的活跃与深化。

总而言之，教师要充分抓住学生的创造心理需要与心理动力，激发其创造激情，培养其创造意识，塑造其创造精神。这不失为素质教育的实际操作方法之一。同时，值得提出

的是，教师也要加强自身创造素质的锻炼，不断发展自己的创造个性，改进教法，使教学洋溢着创造气息，把学生的创造能力挖掘出来，使他们真正成为新世纪的创造型人才。

（四）创造性思维的教学模式

如何使历史课堂真正活跃起来，使它成为培养和发展学生思维能力的重要场所，这是近年来历史教师们研究的热点问题之一。不过，有关此问题的教学模式研究还较少。为此，我们借鉴一些好的经验，在这一方面做了一些初步探讨，其目的在于培养学生思维品质，充分发挥学生学习的主动性、积极性，培养学生独立思考和语言表达能力，并且注重培养学生之间相互理解、合作的精神。思维能力的发展绝非思维本身的教学，它涉及学生智力因素与非智力因素的很多方面，因此问题讨论式思维教学模式具有一般综合教学模式的特点。

所谓讨论，简单而言是探讨寻究，议论得失。作为讨论式教学模式（以下简称讨论模式），它则强调在教师精心指导下，为实现一定的教学任务，通过预先的设计与组织，引导启发学生就教学中的某一问题，发表自己的见解，进行辩论和研究学习。在人们常用的教学法中，教师有时也用此方法来把问题引向深入，但更多的时候是注重比谈话范围更广泛的师生之间、学生之间的交流。由于该模式能将知识的传授与智能培养有效地结合起来，真正实现教学目的，并且对人的未来发展有十分重要的影响，因此，我们把它作为"培养和发展学生历史思维能力"的重点教学模式来研究。

1. 创造性思维教学模式的原则

高中历史思维教学理论虽然是近年来人们才开始重点研究的问题，但是，这种研究已经形成一种热潮，涌现出许多优秀的理论文章。结合这些理论研究成果可以总结出以下原则：

（1）培养历史思维能力，需要注意历史学科的特点。历史的发展具有多样性、连续性、规律性及结构性等特点。历史是客观的，当研究者以思维为中介对其加以科学研究时，这些特点便反映在人们研究历史时的认识规律中，形成历史学科的思维方式。只有让学生们逐步理解历史学科的特点与思维方式的特点，才能真正使学生掌握并驾驭历史思维能力。

（2）培养历史思维能力需要注重学生现有的知识基础、理论基础与能力基础，学生的现状是教师因材施教、有的放矢的依据，任何教学方法均离不开学生的客观实际。因此调查了解学生对历史问题的认识程度、认识方法、依据的思想观点，就成为发展学生历史思维能力的前提。

（3）培养历史思维能力需要注重创设有益的学习情境。美国教育家林格指出：在教学中，教育心理学关心三个焦点区域理解的发展，即学习者、学习过程和学习环境，这三个区域相互重叠和相互关联。创设历史学习的情境是为了让学生置身于一种学习、探究的心理气氛中，自觉、主动地感受历史，从而激发学生去理解与寻究历史问题的欲望。

2. 创造性思维教学模式的内容

教学策略与组织原则在问题讨论模式教学实施的全过程中，必须体现若干以上述理论为基础的教学原则，这就需要教师对教学的计划与过程进行精心策划与组织。

（1）谈论模式的教学目标制定。实施教学的前提是制定明确而适宜的教学目标。这种目标的制定应当依据历史知识体系、学习技能体系的要求与学生的现状。历史知识体系反映了教学大纲、历史教材中所要达到的教学目标，它构成讨论模式目标体系中的以内容为主的知识系统。学习技能体系包括认知能力、自我审视与发展能力及历史思维能力所要求达到的能力水平，它构成了讨论模式目标体系中的以技能为主的能力系统。

而对学生现状的分析、调查与研究，则体现了目标体系的适应性原则，它是制定目标层次的依据。目标知识系统的水平可根据通用的布卢姆提出的六个标准来衡量，即识记、理解、应用、分析、综合、评价。与历史知识体系相结合可编订出要达到的双向细目表。讨论模式一般应在学生现有的基础上，选择具有较高能力水平的知识，作为培养学生历史思维能力的内容，这些内容需要综合几种能力，才能达到目标，这样可以从多个方面训练学生的思维能力。而历史学科内容的丰富性、多样性，特别适合这一目标的完成。自我审视和发展能力，包括认识、理解和客观评价自我的思维水平与行为习惯，调查自我的情绪状况，有意识地培养、发展自我的心理能力，是一个人思维走向成熟的动力。这种能力应当按照学生的年龄阶段制定相应的目标。但是，尽管处于同一年龄阶段的学生有其共性，然而在自我审视与发展能力上的个体差异相当大。因此，制定目标时要留有余地。同时还必须指出，教师要做好学生参与讨论前的心理准备工作及讨论后的总结工作。要根据因材施教与启发性原则组织好讨论过程，以真正调动每一个学生的积极性，并能在每一次讨论后都有切实的提高，这是培养、发展学生历史思维能力的重要保证。

在讨论模式中要特别强调历史抽象思维能力，并以此来体现讨论模式的思辨性。要按不同学段，制定出相应层次的目标系统，抽象水平应当逐渐提高，能力要求也应逐渐全面。

（2）讨论模式的一般方法，包括四个方面：①教学组织方法，如精心设计问题情境、创造自由轻松平等的教学环境、启导思考、置疑诘问等。②指导学生准备、参与讨论的方法，如指导学生怎样明确问题、选择论点；怎样收集资料，提供论据；采用何种方式表达自己的见解；怎样抓住别人言论的中心；等等。③启发引导学生积极思维的方法，如启发学生变换角度考虑问题，引导学生反思前面的讨论是否偏题，启发学生发现别人的长处，引导学生如何评价历史人物或事件等。④引导学生认识自我，了解发展自我的方法。如指导学生填写自测情况表，引导学生用自己的思考方式进行反思，教会学生如何沉静下来、反复思考问题等。

（3）讨论模式的教学组织程序。这里将要提出的组织程序按一课时编排。如果讨论的中心问题是由学生提出的，那么教师进行教学的第一阶段便是：组织学生提出问题和明确问题。如果中心问题由教师事先精心设计，那么模式程序分为以下阶段：

第一，根据中心问题，创设思考的情境，让学生感受到思维不合逻辑、对问题的原因迷惑不解，或者不符合应有的客观历史现状，以激发学生学习的主动性与积极性。

第二，引导学生明确问题实质，收集归纳论点与论据（历史事实）形成观点，同时考虑可能出现的其他观点，分析其正误及思考表达的方法。

第三，组织学生展开讨论，随时记录别人观点中的重点问题，及时提出自己的见解，适时对前一段讨论进行分析反馈，引导学生注意逻辑性与科学性，启发学生从不同角度思考，把问题引向深入，从而揭示出历史发展的规律。

第四，总结评价学生讨论，评价学生在知识与能力层次上所达到的目标是否实现，引导学生进行自我总结，指出讨论过程中存在的问题，并提出改正的方法。也可以再提出一个相似的问题，让学生做出回答，以检验学生是否真正完成教学任务，同时引导学生思维能力的迁移。概括其进程如下：创设问题情境—提出问题—明确问题—假设、分析、论证—总结评价（讨论的准备）（讨论过程）（修正、迁移）实施结果与分析讨论。

二、任务驱动教学法

教学法是依据教育思想和教学规律而形成的，在教学过程中遵循比较稳固的教学程序及其方法的策略体系，包括教学过程中诸要素的组合方式、教学程序及其相应的策略。

任务驱动就是学习过程中，学生在教师的帮助下，以任务为中心，在强烈的问题动机驱动下，通过对资料的主动应用，进行自主探索和协作学习。它首先让学生了解学习情境，产生完成某一学习任务的动机；其次是了解和分析学习任务，提出完成这一任务的可能方法，探讨完成任务的可能方法并制订计划；最后利用预定的方法和手段获取信息。学生在完成任务的过程中不断提出问题、解决问题，建构真正属于自己的知识。并让学生对自己完成任务达到的程度有清楚的认识，教师应对学生完成任务的方法、过程及结果给予客观的评价。

"任务驱动"教学法即在教学中通过任务来驱动学习过程，使学生主动投入学习中并成为学习的主体，以利于学生养成自主学习的习惯。任务驱动教学法是一种建立在建构主义教学理论基础上的教学法，使学生能带着任务去学习。在这个过程中，学生还会不断地获得成就感，可以激发他们更大的学习欲望，逐步形成良性循环，从而培养学生独立探索、勇于开拓进取的学习能力。

（一）任务驱动教学法的理论支撑

1. 建构主义理论

建构主义的思想来源于认知加工学说，以及维果茨基、皮亚杰和布鲁纳等人的思想。建构主义认为，世界是客观存在的，但是对于世界的理解和赋予意义却是由每个人自己决定的。我们通常是以自己的经验为基础来建构现实，或者是在解释现实，每个人的经验世界都是用我们自己的头脑创建的，但由于我们的经验和信念不同，因此我们对外界的理解不同。学习也一样，它不是教师把已有知识简单地传递给学生，而是由学生自己建构知识的过程。学生不是简单被动地接收知识，而是主动地建构自己的知识体系。学生也不是被动的知识吸收者；相反，他们更需要主动地建构信息。这种建构无法由他人来代替。这意味着学习是一种主动的行为，学生要对外界的知识做主动的选择和加工。建构主义的学习主要有以下三种基本观点：

（1）学习是一种意义建构的过程：人们对事物的理解与其自身的认知结构有关。学习者在学习新的知识时，不是通过教师的传授而获得知识，而是通过自己对知识单元的经验解释变成自己的内部表述。知识的获得是学生与外部环境交互作用的结果。

（2）学习是协商活动的过程：学习的发展是依靠人原有的知识结构。由于每一个学习者都有自己的认知结构，对现实世界有自己的看法，因此不同的人对事物的理解是不一样的，学生在学习中获取的知识可能与真实世界有所偏差。因此，只有通过协商和磨合才能趋于一致。

（3）学习是一种真实情境的体验：学习的目的不仅仅是让学生记住某些知识，更重要的是让学生会运用所学的知识去分析问题和解决问题。

建构主义理论与传统的教学理论有明显的不同。建构主义认为，学生在学习过程中从真实的学习任务出发，来分析问题和解决问题，能够培养学生的发散性思维和创新型思维。

从历史学科的特点来看，历史课堂教学模式应重在培养学生分析问题和解决问题的能力，使学生养成正确的史学观念，并学会以史为鉴分析现实问题，而不是仅限于知识表面的讲解和理解。建构主义就是当前指导历史课堂教学的最佳教学理论。

2. 多元智力理论

多元智力（MI）理论是由美国教育研究院的心理发展学家霍华德·加德纳提出的。加德纳通过研究脑部创伤的病人，发觉他们在学习能力上的差异，从而提出本理论。传统上，学校一直强调学生在逻辑-数学和语文两个方面的发展。但这并不是人类智能的全部，不同的人会有不同的智能组合。

"智能"一词的定义是：人类在解决难题与创造产品过程中所表现出来的，又为一种或数种文化环境所珍视的那种能力。加德纳于20世纪80年代初提出的多元智能理论现已成为世界发达国家教育改革的主流，即我们不能仍停留在传统的单一学科的学习，而应该进行整合型的学习。

加德纳的MI理论，包括由七种智能组成的MI理论，这七种智能具体是语言智能、逻辑-数学智能、音乐智能、空间智能、身体-运动智能、个人内在智能和人际智能。其目的在于提供一种有别于智商（IQ）或比情商（EQ）更广泛、更完备的智能观念，以便使人们在教育目标上呈现出更广阔的视野，为教育实践开启多元智能的新世纪，从而体现学校教育的宗旨：发展学生各种智能，并帮助他们选择适合其智能特色的职业和兴趣目标，使每个学生对自己有信心，饱满地投入终身学习，以负责、建设性的方式为社会服务。MI理论的产生，基于这样一个事实：我们的世界充满问题，如果还有可能解决，就必须运用我们所拥有的智能。认识智能的多元性和人类展现智能的多元方式，就是我们需要迈出的最重要的第一步，也是学校教育重心转移的关键。

每个人都有潜在智能，而且是多元的，这种多元智能可以在后天的环境中得到开发。智能的核心是"思维能力"，进一步说是创新思维能力。而智能是有最佳发展期的。同一智能对于不同人，有不同的最佳发展期；不同智能对于同一个人有不同的最佳发展期；同一个人在不同的发展期，同一智能表现不同；同一智能在不同人的同一时期表现不同。成功的过程是潜在智能显现或已经显现的智能不断强化的过程，一个人的成功与否，不能仅仅局限于对他学业的评价，而应该有多种智能方面的评价。

多元智力理论对学校教育及教师的课堂教学提出了新的要求。首先，要转变教学观。我国传统的教学基本上以"教师讲，学生听"为主，之后是枯燥无边的"题海战术"，忽视了不同学科在认知活动和方式上的差异。多元智能理论认为，每个人都会不同程度地拥有八种智能，而且每种智能都有其独特的特点。因此，教学方法和教学手段应灵活多样。其次，教师应形成正确的评价观。多元智能理论对传统的标准化智力测验和学生成绩考查提出了严厉的批判。传统的智力测验过分强调数理逻辑和语言方面的能力，只采用传统的考试方式，过分强调死记硬背，缺乏对学生理解能力、分析能力和创新能力的考察。这种评价是片面的、不科学的。多元智能理论认为，人的智力是由多种智能组成的，因此对学生的评价指标、评价方式应该发生改变。新的评价体系应注重对学生多方面能力的培养。最后，要转变学生观。多元智能理论认为，人的智力在不同时期有不同的发展特点，每个人在同一时期又有不同的智力发展特征。因此多元智能理论为教师提供了一个积极乐观的学生观，每个学生都有自己的优点和长处，教师要通过多方面去发现学生的特长，并相应地采取适合其特点的教学方法。因材施教使每个学生的特长都得以有效发挥。

（二）任务驱动教学法的运用优势

高中历史课是一门理论性很强、对学生思维能力要求比较高的学科，在高中历史课中运用任务驱动教学法，让学生在一个个特定的"任务"驱动下进行学习，引导学生由易到难、循序渐进地完成一系列"任务"，从而得到清晰的思路和知识脉络。完成任务的过程实际就是培养学生分析问题、解决问题的能力，既符合学科的认知特点，又符合学生的学习特点。在学习过程中，学生会不断地获得成就感，激发他们学习的欲望，并逐步形成一个感知心智活动的良性循环，从而培养出独立探索、分析及解决问题的能力。

（三）任务驱动教学法的过程结构

任务驱动教学法是用任务来驱动教学的，任务是中心点，学生围绕任务学习，教师围绕任务引导课堂教学。任务驱动教学法以"呈现任务—明确任务—完成任务—评价任务"为主要结构，教学过程可大致分为以下四个阶段：

1. 呈现任务——结合学生特点，精心设计任务

任务驱动教学要有明确的目标，要求教师把学习的总体目标细分成一个个小目标，并把每一个学习模块的内容细化为一个个容易掌握的学习任务，通过完成细小的具体的学习任务来实现总体的学习目标。

在教学过程中，把教材中的每一课设计成一项大任务，再将大任务分成若干个小任务，每一节都由几项小任务构成。例如，学习"中日甲午战争"一课时，这部分内容所隐含的知识点有：①中日甲午战争的背景；②甲午战争的过程；③甲午战争的结果；④甲午战争的影响。把这四个知识点隐含在四项小任务中，每一次完成一项小任务，然后再把每一部分的任务综合成一个完整的教学内容。每一项任务的确立都根据学生现有知识状况和教学内容的统筹安排而定。

2. 明确任务——使每个学生明确自己的学习任务

（1）引导学生分析任务并提出问题。在创设的情境中提出问题。采用任务驱动教学法的时候要给学生创造良好的情境。因为学生的思维活动是建立在浓厚的兴趣上的，所以，要想让学生自主学习，要先激发学生的学习兴趣，吸引他们进入学习的状态。而且，学习总是与一定的情境相联系，因此，在课堂教学的导入时，创设一个与当前学习主题相关的具有吸引力的情境，使学生对本节课内容产生兴趣是非常重要的。

在课程导入设计情境时，应该让任务驱动教学具有明确的目标，让学习在一种与教学

一致的情境中发生。然后提出与当前学习内容紧密相关的任务，让学生面临一个需要立即去思考和学习的问题，学生在完成一个他们感兴趣的任务时，就会比较专心。在这一阶段，教师主要是创设情境，提出具体任务，并对这一任务的完成给予方法上的指导和评价。课堂教学中如果用布置任务来导入教学，那么可以用一个和课堂内容有关并且学生感兴趣的问题，引起学生自己思考解决问题的欲望。教师给出启示性的提问，使学生了解哪里入手可以进行突破。

例如，在教授"大一统与秦朝中央集权制度的建立"一课时，播放一段有关《英雄》中显示秦国强大的视频，并提出问题："秦国之所以如此强大的原因是什么？它发展的制度保障是什么？"请同学们思考。学生对这段视频比较了解，现在上升到理论层次来思考会引起他们的兴趣。这样学生自然过渡到对本课知识的学习。

在任务驱动教学中，"任务"的提出是最重要的，它将决定在学习过程中学生是主动学习还是被动学习。任务本身就是一种情境。任务设计得好坏将直接关系到学生能否深入到教学活动中来，关系着课堂上学生学习的效果好坏。任务的设计，使教学更加轻松，学生学习更加主动，学生的能力和情感都可以得到充分发展。每一个任务中都包含着新知识和旧知识，学生在接受任务时要思考怎样去解决任务，在解决任务的过程中会遇到不能解决的问题。学生自己提出问题，此时教师加以引导，引出对新知识的学习，这样可以调动学生的求知欲望。

例如，在学习"工业革命"一课时，先要求学生看书了解工业革命发生的时间和国家。学生很快能发现工业革命最早发生在英国。这时有的学生就会发现问题："为什么工业革命率先发生在英国而不是其他国家呢？"此时让学生讨论分析任务。这里既涉及英国已经建立资产阶级代议制的内容，又会涉及新航路开辟，英国通过海外殖民取得广阔的海外市场等旧知识，还会涉及圈地运动、棉纺织业发展和急需改进技术等新知识。而技术革新正是这一部分所要解决的问题。

（2）根据提出的问题，及时讲授新知识。问题提出后，就开始解决问题。每一部分都根据具体内容和学习目标的要求提出适当的问题，由学生自己解决。如"工业革命"这一课，让学生概述工业革命所取得的成就。这个任务比较简单，学生很容易解决。学生在完成后会比较有成就感。紧接着提出问题：工业革命的影响有哪些。这个任务相应地比较有难度。可以深入培养学生的思维能力。学生总结后会有一定的问题，教师在引导时，学生会听得比较认真，而且理解起来会更容易。

3. 完成任务——培养合作、交流和创新的能力

学生的认知水平、学习方法和思维方式在完成任务的过程中都是比较重要的。学生是否具有完整的知识结构、科学正确的学习方法、缜密的思维和娴熟的解题技巧，直接关系

到任务完成的速度和质量。因此，在教学中把学生分成若干个小组共同完成某项任务，通过学生之间的合作交流来完成任务，这样既可以很好地补充学生知识结构的缺陷，完善他们解决问题的技巧和方法，又可以高质量地解决问题。

4. 评价任务——对学生给予鼓励和引导

在教学过程中，教学评价过程是一个非常重要的环节，也是最能调动学生积极性的一个环节。从心理学的角度可以看出：每个人都有非常强烈的荣誉感和成功感，这样的荣誉感和成功感需要得到大家的认可和自我个性化的展示，尤其对"差生"更是如此，他们需要大家给予更多的肯定和鼓励，需要更多展示自我的机会。

教学评价是学习者学习情况反馈的一种有效途径，也是学习者了解自己的学习情况，进一步完善知识结构、改进学习方法和激发学习动力的一种重要方法。当学生完成任务后，首先，让学生进行自我评价和小组成员之间及小组之间的相互评价，找出不足并进行修改完善。其次，教师可以就学生完成的总体成果进行评价。通过对学生学习成果的评价，学生明确了完成任务的有效途径。学生通过再次分析任务，利用有效的学习环境，可以形成自己的学习方法和思维方法，并构建自己的知识体系。同时，教师必须引导学生之间进行互评，并适当对其具体成果进行指导，从而进一步完善学生的认知结构，提高学生各方面的能力。

第四章　高中历史专题内容的教学方法

第一节　高中历史概念与时间的教学方法

一、高中历史概念教学方法

"历史概念是以历史理论为指导，对历史现象进行理论概括的产物，它反映着历史知识的本质属性和内在规律"。[①] 准确把握历史概念，有助于学生形成正确、系统的历史知识，有助于提高学生分析问题和解决问题的能力。高中历史知识内容多，头绪繁杂，但归纳起来，其基本内容可分三类，即基本史实、基本历史概念和基本历史规律。历史概念是其中一个重要组成部分，是基本史实在特定历史条件下的深化、总结、归纳和概括，又是基本历史规律形成的前提。有关历史概念的内容及与之相关的知识在课本知识构成中占有相当大的比例，掌握历史概念对学生精确认识历史，形成理性思维，培养学生能力具有极为重要的作用，但就高中历史教学现状看，教师对历史概念的教学重视程度不够，方法单一，未达到应有的效果。因此，历史概念的地位及教学现状，要求我们必须高度重视对历史概念的教学，具体可以从以下方面着手：

第一，充分挖掘概念的内涵。历史教材对史实性概念是高度概括，对理论性概念是高度抽象的，教师要充分挖掘并引导学生掌握历史概念的确切内涵。首先，要科学界定历史概念的内涵与外延，明确概念本身的含义；其次，加强对相似概念的分析、比较、鉴别；最后，多角度、全方位理解历史概念。全面把握历史概念不但要注意正确把握其内涵，还应注意概念产生的背景、原因、实质及其在不同历史时期的阶段特征及不同侧面呈现出的特点，这样才能使学生对历史概念的理解上升到理论的高度。

第二，做好对概念的归纳工作。教材限于篇幅，不可能详尽介绍每一个历史概念，也

---

① 刘洋等：《高中历史教学方法研究》，远方出版社 2005 年版，第 152 页。

不能明确表述每一个历史概念的内涵。教师必须依据教材知识的连贯性与学生认知习惯，点明概念内涵，引导学生做好归纳、整理工作。教师要逐步培养学生用全面、辩证的观点来认识历史概念。如对科举制这一历史概念的学习，教师要引导学生将科举制在我国产生、发展到最终被取消的过程归纳出来，并对每一个阶段进行评价，还要分析它对当时政权及文化思想的影响。这样学生对历史概念的学习也就不再感到单一和枯燥无味了。

第三，运用历史概念来分析、论证、解决问题。史学能力的最终要求是学以致用，历史概念的教学最终要达到分析、论证、解决历史问题的要求。

第四，充分发挥学生的主体地位，采用多种方式进行概念教学。除上面所列一些方法外，教师还可在学生掌握一定历史知识的基础上，让学生展开讨论，表述概念内涵；也可让学生对历史概念做纵横分析，教师从中起点拨、总结作用。教师还可设置适当的专题，来讲解、剖析、归纳历史概念及其涵盖的历史知识。

第五，注意新旧观点对历史概念的不同表述。史学研究的深入、教材的更新，使历史概念内涵的表述发生了一些重大变化，这就要求教师在讲解相应概念时应注意新旧观点的对比，以加深学生对概念的认识理解。

历史知识是由众多的相互联系的历史概念组成的，准确全面掌握历史概念就成为深刻理解复杂而又千变万化的历史现象、学好历史的基础。历史学科的基本功能是以史为鉴，学以致用。历史概念无论从表述方式还是从内容看，都具有史论结合的特点，它是由"史"到"识"的一个不可缺少的中间环节，是提高学生学科能力的重要组成部分。因此，高中历史教师加强对历史概念的教学，有助于学生全面科学地认识史实，培养学生分析和解决问题的能力，形成正确的历史观。

二、高中历史时间教学方法

历史是关于人类社会发展的具体过程及其规律的科学，历史发展的过程，就处在时间的演变之中；离开了时间，就很难表明历史的演变过程，更看不清历史事件的因果联系和发展规律。高中历史课本涉及古今中外许多史事，因而，正确而清楚地讲好年代，并让学生记忆一些重要的历史年代，使学生理解历史事件发生的前因后果，分析历史事件发生、发展的内在联系，掌握历史发展的基本线索，提高历史教学质量，都是十分有必要的。

（一）严格按照年代顺序讲述历史

时间概念对历史科学的重要性早就为中外史学家所注重。从古到今，一般的史书都是按时间先后即按照年代发展的顺序编写的。我们现在所采用的高中历史教科书，无论是中国史还是世界史，都是按时间、年代讲述历史的主要大事。因此，按照时间的顺序讲授历史，是保证历史教学的科学性、系统性和思想性所必需的，也是帮助学生理解和掌握历史基础知识的一个重要途径。历史教师在教学中要用各种方法阐明历史事件之间的因果关系，阐明历史的发展变化过程，而要做到这一点，就必须讲清时间概念。在课堂上，教师在讲述史事发生的原因和过程时，可把重要事件和有关年代写在黑板上，最后自然形成一个简要的大事年表，然后由教师在进行课堂复习巩固时，把年代与知识结合，帮助学生理解和记忆。

（二）让学生理解并掌握时间概念

首先，要让学生掌握纪年的知识。对于历史课本上所涉及的公历纪年、王朝纪年、干支纪年等知识，教师应做必要的介绍。公历纪年是世界上多数国家采用的一种纪年法。高中历史课从教材到课堂教学都是以此为主的。但中国史中还采用了朝代纪年法，教学中应注意两种纪年法的换算。其次，要让学生正确地掌握表示时间的术语。如世纪、年代、公元、公元前、公元后。100 年为一世纪。世纪初叶指一个世纪前 30 年；世纪中叶指一个世纪中间 40 年；世纪末指它的后 30 年。最后，让学生正确理解时间概念的科学含义。时间概念有单纯的时间概念和逻辑的时间概念，单纯的时间概念只是记述一定历史年代，逻辑的时间概念则是包含每一个历史上的时间所联系的丰富生动的历史内容及其在历史上的地位、作用、影响。

第二节　高中历史地点与事件的教学方法

一、高中历史地点教学方法

（一）形成历史地点的空间观念

空间和时间、人物一样，是人类社会历史存在与发展必不可少的要素；生存空间即地理环境，是古今中外历史演出的舞台。不配合一定的地理观念，就无法形成正确的完整的历史知识。

（1）地理环境对历史发展的作用。在高中历史课中，给学生形成空间观念，就要先让学生明了地理环境与历史发展的关系，懂得地理环境的基本原理。如教师在讲课中，结合尼罗河对古埃及文明的影响（"埃及是尼罗河的女儿"）以及推而广之，认识古代河流对于四大文明古国的作用，就是让学生知道地理因素对历史发展有影响的很好例证。

（2）学生要掌握关于地理观念的具体知识。首先应该让学生认识并准确牢记历史事件发生的地点。如"北京人"的生活地周口店、七七事变的发生地卢沟桥等。随着历史事件的发展变化，有关地理观念也在不断变化，如明朝建立时的都城是南京，永乐帝时迁都北京；辽、金起自塞外，而最后却统治了整个华北甚至中国北方，蒙古族、满族各从漠北、东北入主中原，统治全国，建立了元朝和清朝的全国性政权。这些都需让学生明了并记忆。

（二）明确历史地图的种类及作用

一切历史事件，都在一定范围的地区或地点进行，为使学生了解历史事件发生发展的确定的空间和进程，必须使用历史地图。地图是历史教学的重要直观教具，地图对于学生形成空间观念有着特殊的意义。

历史地图按内容可分为三类：第一，综合性历史地图，反映某一时期全面的历史地理情况，包括这一时期主要的社会、政治等现象，如战国形势图、汉代疆域图、两宋略图等；第二，专题性历史地图，反映某些专题性历史问题的地图，或一时一地，或跨国跨时代，如我国新石器遗址分布图、罗马领土扩张图、"地理大发现"形势图等；第三，个别局部的历史地图，其实这也是专题性地图的一种，如明朝奴儿干永宁寺附近地势图、雅克萨作战示意图、爱琴文明简图等。

作为高中历史课使用的历史地图，应该有如下要求：

（1）明确的目的性。历史地图是为课堂教学服务的，它必须符合教材内容，适合课堂教学需要，不能够脱离教学目的，随意增减，更不可以专讲美观，不顾实效。根据教学目的，历史地图应做到内容准确、重点突出、繁简适当、色彩鲜明。

（2）要有正确的教育性。历史地图不仅能够标示历史事件的发生地点，还要能够配合着历史的发展，显现出变化的过程，体现出思想政治教育内容，以图示手段表示出正反因素。

（3）历史的真实性。因为历史地图要表示历史时代的空间形象，所以就绝不能够违背时代的真实性。如历史上黄河改道多次，画历史地图要按当时的河道画，才能符合那个时代的实况。又如秦长城比明长城偏北，隋运河中心在洛阳等，都应符合历史真实。历史地图又要注意历代建置的变化。汉的州、唐的道、宋的路、元的省，往往地名相同，实辖范围有异。

（4）反映历史进程的变动性。历史地图不仅要表明历史在空间上的位置，也要显示出历史在时间上的发展。需要表示的内容与借以表示的方法多种多样，可以用不同的符号、线条、颜色，表示历史的演变，如垦殖开发、疆域变迁、都城兴废等。

二、高中历史事件教学方法

（一）厘清历史事件的结构

古往今来的历史事件，无论其大小，也无论其在历史上的地位如何，都由六个部分内容组成：一是时间。任何历史事件都发生在一定的时间，没有无年无月无日的历史事件。二是地点。地点是历史事件赖以展开的空间地域，它同样是组成历史事件的基本要素之一。三是背景、爆发原因。说的是历史事件不过是历史长河中的一瞬和历史联系性的特点。没有背景与爆发原因的历史事件也是根本不存在的。正是由于历史事件有这部分组成内容，所以历史事件才是有规律可循的，而不是可以任意发生的偶然巧合。四是人物。人类历史的前提是因为有人存在，人们的创造活动就是历史。任何历史事件都必须借助具体的人物（包括人民群众和杰出个人）活动，才能够演出于历史舞台。人物同样是组成历史事件的基本要素。五是事情。这就是历史事件本身的进程和经过了。没有事件经过与情节，一个历史事件就只能是抽象笼统的公式，而不会是真实的历史。六是意义、影响。意义、影响指的是一个历史事件对于整个人类历史所产生的作用与结果。意义和影响可能是积极的，也可能是消极的，可能是巨大的，也可能是微小的，但是，总会由于这个历史事件的爆发而影响于当代与后世。对于组成历史事件的这六个部分内容，教师在备课时，先要弄清楚，在讲课时讲清楚，然后再要求学生准确掌握，它们是检验教师和学生是否完整准确地了解了一个历史事件的一般标准。

（二）讲好历史事件的经过

经过是一个历史事件的主要内容。教师能够把一个事件的经过讲好，这个历史事件就能够栩栩如生地再现在学生面前；在这个基础上，才能引导学生更深刻地认识历史事件的本质，对它做出评价和揭示历史发展规律。讲好历史事件的经过，要做到以下方面：

（1）严格按照时间顺序，并且把经过分出阶段，进行讲述。一个历史事件总有自己的开始、中间和结束的过程。教师讲述时必须按照其进行的时间顺序，有始有末地将事件叙述清楚。

（2）历史事件的过程要具体，应该有情节的描绘。一个历史事件的发展过程，主要就是要具体地用叙述和概述方法，将其讲出。有详有略，详处叙述之，略处概述之。要有情节，也要有"特写镜头"，这就需要使用描述的方法。在整个叙述、概述和描述中，都要始终贯穿以准确的时间、宽阔的空间地域和生动的人物活动。

（3）要"寓论断于叙事之中"。历史事件的经过是历史的实体，人们对于它的评价，唯一的依据是经过的本身。因此，讲事件经过时，要组织好它的内容，使之寓评价于叙事之中。

（4）结合必要的直观教具。首先是历史地图，它是历史事件动态发展的舞台。只是口说而不使用历史地图讲述历史事件的经过，不会给学生以清楚印象。其次是历史图画，包括有关人物画像和历史场面想象画。这些直观教具，可以与教师的生动讲述相互配合，从视觉、听觉两个方面影响学生，会加强学生对于历史事件经过的真实感受，有的时候甚至给学生以一种身临其境的感觉。不言而喻，这样的教学效果一定会很好。

（三）分析历史事件的规律

透过历史事件现象，分析本质，讲出前因后果，揭示历史规律。教师在教学中一般都有这样的体会，对于一个历史事件，容易注意、重视它的经过部分，教师爱讲，学生爱听，但是，却往往是课堂上非常热闹，下课以后除一些生动的情节外，学生的思想认识、思维能力却感到没有提高，久而久之，就会感到乏味，这是因为对于历史事件缺乏分析，教学深度不够的缘故。为了解决这个问题，教师在生动具体地讲述一个历史事件过程的同时，还要注意讲出它的前因后果，分析其本质，从中揭示出某些历史规律，可以从三方面着手：第一，说明历史事件发生的背景和爆发原因；第二，揭示历史事件的性质；第三，分析好历史事件的意义和影响。

第三节　高中历史人物与现象的教学方法

一、高中历史人物教学方法

历史是由时间、地点、人物、事件等要素构成的。其中，人的活动毫无疑义地占有最重要的地位。掌握评价历史人物的能力在历史研究和历史教学中具有特别重要的作用，它既能让学生通过把握历史人物的活动实质更深刻和更准确地提示历史发展的客观规律，又能使学生从各类历史人物中总结和汲取有益的经验教训，继承发扬优秀的历史传统，从而提高认识问题和分析问题的能力。

对历史人物，应根据他们对历史发展、社会进步在客观上所起的推动或阻碍作用，对人民是否有利而予以肯定或否定，这是评价历史人物的基本标准。只有明确标准，才能以辩证唯物主义和历史唯物主义为理论指导，正确地评价历史人物。评价历史人物有两种基本方法：①分阶段评价，对历史人物可根据其一生活动的主要阶段进行评价；②分方面评价，对历史人物也可以根据其一生活动的不同方面进行评价。

在对历史人物评价时中应注意以下问题：

第一，应灵活操作。在高中历史教学中，教师应根据具体情况灵活操作。既可以根据讲课的进度评价不同时期的历史人物，也可以把历史人物的评价作为专题进行系统的讲解。不论采用哪一种方法，都必须遵循一个根本目的：历史人物的评价要服从、服务于高中历史教学，要让学生通过评价人物了解一个时代，而不能为了人物而人物，任意增加课本中没有提到的人物和材料，而且，在讲解时不必逐个评价，而是将历史人物分为类别（如政治家、思想家等），每一类别重点评价一到两个历史人物作为示例就可以了。这样，既能节省教师的时间，也能让学生有"人"可评。

第二，防止折中论。对历史人物要一分为二，这是正确的。但在实际运用中，学生容易教条化、折中化，因此，我们在评价历史人物的是非功过时，必须抓住主要点，从而做出功大于过或过大于功的正确评价。

二、高中历史现象教学方法

历史现象也是历史基本知识的重要内容和表现形式，它有经济现象、政治现象、民族关系现象、中外关系现象和文化现象等。高中历史课中讲授历史现象，就其方法说，与其他历史基本知识相同：第一，注意出现某些历史现象的背景、原因；第二，要依据历史事实，讲清这些历史现象的具体表现；第三，注意在历史现象中，讲人物活动和故事情节，增强形象性和生动性。

除了以上一些教学方法外，在讲授历史现象时，有一个特点值得注意，就是要处理好这些现象的一般情况、表现和典型情况、表现的关系。一般说，要有"面"有"点"。"面"是普遍的一般表现，没有这方面的讲述，就不能勾画出历史现象的整个面貌；但是，如果没有"点"，没有典型的材料与表现，也会流于泛泛，不能够对历史现象进行生动形象的反映。组织、处理好点与面、典型与一般的关系，是讲授历史现象时需要注意的一个关键问题。高中历史课讲述历史现象时，应该把这些数字与一般情况和典型事例结合起来，这是一种很重要的方法。

第四节　高中历史教学中进行德育的方法

"对学生进行德育，实现正确的价值引领是高中教学体系中的重要组成部分。在高中教育中除了对学生进行专题德育活动外，还要特别重视德育的学科渗透。在对学生进行德育方面，历史学科具有得天独厚的优势，对学生进行德育也是高中历史情感态度与价值观目标的重要内容。教师要认识到在高中历史教学中实施德育渗透的重要意义，探索德育渗透路径，促进学生健康成长与全面发展"。① 高中历史教学中传统美德教育的主要方法具体如下：

第一，正面引导。教师应坚持正面教育原则，准确而鲜明地向学生宣传民族的优良传统美德。要启发学生积极思维，从具体、生动的历史材料中悟出真谛。如针对一些学生的随意消费现象，可讲述隋文帝提倡节俭、隋炀帝爱惜谷物的事例，启发学生认真思考，引导他们自觉调节自己的行为。

第二，情感熏陶。"情贵于真"。教学中，教师要运用具体生动的历史材料或实物，辅之以充满情感色彩的语言去影响学生，引起学生共鸣。真挚的道德情感来自教师本身的道德修养，因此，教师要通过"自我塑造"来达到塑造学生的目的。

第三，现场教育。全国各地丰富的德育资源是进行传统美德教育的"活教材"，教师要充分利用。带领学生走出课堂，探寻历史踪迹，让学生深切感受民族传统美德的巨大精神力量。

---

① 袁满：《高中历史教学中德育渗透的路径》，载《吉林教育》2022 年版第 1 期，第 28 页。

第五章 基于网络时代下的高中历史教学方法

第一节 信息技术与高中历史教学整合

一、信息技术与高中历史教学认知

信息技术革命正给人类带来前所未有的影响，信息技术教育的普及与应用已经被提到了教育"制高点"的地位，成为当今中国乃至世界上的一个教育热点。现代信息技术在教育中的应用，不仅为学习者提供了各种供选择的资源，还将导致教育思想、教育观念、课程内容、教育模式、教学方法、教育手段等全方位的变革。面对信息社会到来所造成的影响，历史这门古老的学科也应在信息技术革命的浪潮中走在时代的前列。

（一）信息技术教育及其发展方向

信息技术（Information Technology，IT）特指与计算机、网络和通信相关的技术。信息技术教育不是单纯技术教育，也不是以信息技术研究和开发为目标的教育。信息技术教育是随着计算机及其网络技术的发展而逐步形成的，在我国年的发展过程中大致经历了四种形式：课外活动、活动课、计算机教育、信息技术教育。信息技术教育的内涵由信息技术课程和信息技术与其他学科的整合两大部分组成，是素质教育的重要组成部分。信息技术教育的教育资源和环境是计算机和网络，在信息技术教育下，学生要学会资源和环境的利用，要学会学习。它是在教师指导下的知、行、情三者的交互过程与意义的建构，它重在培养学生的创新精神和实践能力，促进人的发展。

随着信息技术教育的转变，从单纯的信息技术教学课向与其他学科的整合而构建以学生学习活动为中心的现代教育模式发展，它的教育内容从传授计算机基本知识转到利用计算机网络作为工具帮助学生自主学习和探讨，它更注重对学生进行人文、伦理、道德、法制的教育。信息技术教育的环境基础是全程全网、互联互通的"校校通"网络，而不是各自独立的网络教室和校园网；信息技术教育的资源是通过集成的资源库，而不是课件或者积件；信息技术教育的资源使用方式共享，而不是个别占有；信息技术教育是所有高中教师的工作，而不仅仅是计算机教师原因。

此外，信息技术教育正日益成为推进国家中学新课程改革实施的强有力的手段，通过信息技术在教学过程中的普遍应用，逐步实现教学内容的呈现方式、学生的学习方式，以及教学过程中教师学生互动方式的变革，为学生的学习和发展提供丰富多彩的教育资源和有力的学习工具。

（二）高中历史教学中信息技术教育的必要性

第一，应用信息技术是由历史学科本身的特点决定的。历史涵盖了人类社会生活的多个方面；它是人类文明发展进程中所创造并遗留下来的各种信息的积淀。通常人们对历史的了解主要依赖于各个时代所遗留下来的各种资料，其中保留着鲜明的时代烙印，是我们揭开历史神秘面纱的主要依据，是再现纷繁复杂人类历史的关键所在。现代教育技术以其巨大的信息存储能力、方便快捷的文件检索功能，使广大师生拥有浩如烟海的历史资料及快速查询资料成为可能。

第二，素质教育的要求赋予了历史学科教学新的内容。素质教育重视对学生能力的培养，特别是创新精神与实践能力。历史学习如何实现对学生创新精神与实践能力的培养，其核心是彻底改变学生的学习方式，加强学生的探究性学习，变历史教学过程为学生主动学习过程。因此，必须让学生参与到学习过程中来，把学生要识记掌握的对象，变成他们活动的对象和活动的内容。而信息技术教育的应用，让这一切的实现成了可能。学生利用现代网络资源进行资料收集，然后通过对其的整理、分析、判断、运用，培养学生认识问题、理解问题、分析问题、解决问题的能力，这样在教学过程中，既要注意文化的传承，更要注重培养学生的创造性，实现对文化的不断超越。

第三，时代的发展，赋予历史教学新的使命。信息社会，知识以惊人的速度在不断更新，如何才能面对包容海量知识的社会，而终身学习就是现代人们的重要选择。学习活动又是一种信息处理的过程，学习的效益在较大程度上取决于对信息的处理能力。让学习者学会学习，就必须培养学生的信息处理能力。历史学科教学以应用历史知识解决现实问题为目的。为了解决实际问题，必须对材料具有一定的辨别能力。对于互联网（Internet）提供的各种信息，应该具备根据解决问题的需要进行选择、判断的能力。只有这样，才能使学生的可持续发展和终身教育成为可能。

（三）高中历史教学中信息技术教育的途径

高中历史教学应用现代教育主要有以下途径：

1. 创建历史课信息技术教育平台

学校先要站在迎接新世纪挑战的高度充分重视信息技术教育的革命性作用，要为信息技术教育提供物质平台，构建与因特网相通的网络教室和校园网，营造一个以信息技术教育推动学校全面实施素质教育的氛围。广大历史教师自己要清醒地认识到信息技术对传统历史教育的影响，要积极主动地掌握信息技术教育，并以此为契机。从根本上转变自己的教育思想、教育方法，积极利用信息技术构建以学生学习活动为中心的现代历史教学模式。

2. 利用计算机辅助教学（CAI）

目前，历史 CAI 教学课件的商业化运作已经相当成熟，比较著名的有 CSC 历史教师备课系统、武汉华软历史教学系列、人教文博历史教学系统和一些高等院校的历史专业教学软件，它们大致可以分为以下类型：

（1）演示教学过程。采用计算机技术集动画效果、视频影像、声音融为一体，对教学内容中的重点、难点进行辅助教学。这类课件可以是线性序列的演示，即按教学顺序来组织各种信息；也可以是交互式的，既可按顺序进行操作，又可以通过主菜单根据需要随意选择学习内容或重复同一内容。

（2）高密度知识传授、大信息量的优化处理和灵活的文字板书应用。这类课件多用于专题课和综合复习课中，利用计算机大容量存储和快速显示功能，代替教师的口授，它具有图文并茂、资料翔实、容量大、线索清晰、操作简便等特点。在历史综合复习课中采用多媒体技术，可以化繁为简、直观形象，并可以减轻教师重复劳动之苦。

（3）创设信息情境，让学生主动完成意义构建。利用现代教育技术，向学生提供一个由教师预先创设的信息情境，激发学生主动探究的兴趣，通过对信息的处理加工实现对所学知识的意义构建。利用多媒体自身的优势将声、光、电等多种信息资源构建成学习历史的氛围，让学生主动参与学习活动、发挥学生的主观能动性成为可能。

3. 基于校园网等局域网的网络教学

由于客观原因，我国的互联网的介入速度还很慢，真正意义上的宽带高速尚未实现。而出于商业的利益，ISP 运营商的收费还较高。一些地区和学校因陋就简，充分利用校园网等局域网，使之与相对成本较低的卫星电视互联，教育学生既可以共享通过卫星电视互联提供的教育教学资料，又可以通过校园网等局域网实现交互式教学，防止出现信息时代的不平等教育现象的产生。

4. 基于 Internet 的网络教学

21 世纪对人才评定的标准，不仅在于他掌握了多少知识，更重要的是他具备了怎样获取知识的能力。而计算机网已经成为人们获取知识的主要途径。面对知识经济的浪潮及信息时代的特殊要求，历史教学也应适应这种趋势的变化。基于 Internet 的网络教学，抛开了传统课堂教学的模式，打破了时间、空间对历史学科教学的束缚。传统的课堂教学以教师的讲授为主，是一对多的关系；网络教学则构建了一个虚拟的历史课堂，这里有优秀的历史教师设计的学习资源，学生可以根据自己的实际来选择相应的内容进行学习，并可将学习情况及时地提交给教师，教师可对学生的学习情况进行评定，以此实现一对一的教学。学生也可以在网上与教师或其他学生进行讨论，同时可以查阅 Internet 网络提供的丰富的信息资源，来进一步深化自己对历史知识的认识及应用。这样构建出一个适宜学生进行个性化学习的环境，学生在学习过程中通过分析问题、收集相关信息、解决问题实现知识的建构，体验成功的喜悦，从而激发学生探究新问题的内驱力。

（四）高中历史教学中信息技术教育的注意事项

第一，教师教育思想的变化。信息技术教育在历史教学中的应用，能否发挥其应有的作用，关键在于教师教育思想是否适应现代教育的要求，以及教师是否注意培养学生主动学习的意向，激发学生学习的兴趣，增强学生学习的愉悦感。教师不再是课堂上的主角，而应该是学生学习的指导者和辅助者，注意学生创造性和批判性思维的培养。历史教师要利用计算机及网络信息占有量大的特点，提供给学生历史学科领域一些前沿的研究成果及有争议的热点问题，在开拓学生思维的同时，也启发学生创造性和批判性的思维。

第二，历史教学方法的转变。在信息技术教育环境下，历史教学要充分发挥信息技术的民主性和平等性原则，注意学生个性化学习，制作的 CAI 课件及网络教学应该为学生的独立学习创造条件，学生可以独立地选择自己感兴趣的学习内容进行学习，使学习的内容更具有学生的个性化特征。教师要注意学生解决问题能力的培养，我们的历史教学最终的目的是培养学生利用所学的知识来解决现实中出现的实际问题，因此利用信息技术应该为学生去尝试解决问题提供空间。

第三，加强学生的信息素质教育。信息社会的人类生存竞争是相当激烈的，我们应该对学生进行信息社会的忧患意识的教育，让其树立忧患意识，以增强学生学习的内驱力。

在信息社会中，一方面，信息日益丰富，信息的作用日益加强；另一方面，它又造成了冗杂信息的增加。为了使学生在信息海洋中能够正确地把握自我、不迷失方向，就需要学生具有良好的信息素质，以提高信息检索、信息判断和信息利用的能力。只有这样，学生才能更好地驾驭信息，从大量良莠并存的信息中获得正确、健康的信息。

二、信息技术与高中历史教学整合的教学结构

教学结构是指在一定的教育思想、教学理论、学习理论辅导下的，在某种环境中展开的教学活动进程的稳定结构形式，是教学系统四个组成要素（教师、学生、教材和教学媒体）相互联系、相互作用的具体体现，它将直接反映出教师按照怎样的教育思想、理论来组织自己的教学活动进程。教学结构的改变将引起教学过程的根本改变，也必将导致教育思想、教学观念、教与学理论的深刻变革。目前采用的教学结构主要有两大类：一是以教师为中心的教学结构；二是以学生为中心的教学结构。20 世纪 90 年代以前的教学结构基本上都以教师为中心，进入 90 年代以后，随着多媒体和网络技术的日益普及，以学生为中心的教学结构逐步发展起来。

三、信息技术与高中历史教学整合的教学方式

信息技术与课程整合是指在课堂教学过程中把信息技术、信息资源、信息方法、人力资源和课程内容有机结合，共同完成课程教学任务的一种新型的教学方式，为了真正使信息技术与历史教学整合并取得实效，整合应该注重以下三大方面：

（一）整合的系统性与整体性

第一，教学过程的四个基本要素教师、学生、教材和信息技术是相互作用，共同影响教学质量的。信息技术与历史教学整合的最终目的是追求教学效果的最优化。这样信息技术必须与历史教学过程、教学目标、教学内容、教学方法、教学形式和教学评价等环节相互整合，优化教学过程的各个环节。在整个教学过程始终贯穿着教师的主导作用和学生的主体作用，形成一个双向交流互动、不断循环和不断调控的过程。

第二，在教学过程的诸环节中，教师用信息技术来优化教，学生用信息技术来优化学。教与学既有不同，又有其内在的联系，但其最终目标是一致的——使信息技术与教学过程诸环节达到真正的整合，实现教育效果的最优化。

第三，整合不是把信息技术简单地嫁接在传统的教学结构基础上，而是建立在教师为主导、学生为主体的现代教育理论基础上。只有师生的角色作用发生根本改变，信息技术才能真正起到优化教学过程诸环节的作用，达到成历史教学相互整合，从而形成新的教学结构——"主导-主体"教学结构。

（二）整合的教学模式

基于上述信息技术与历史教学整合的新教学结构——"主导-主体"的教学结构，要

根据历史教材内容、教师的个性特点、学生的情况和教学条件，来选择整合的教学模式，具体如下：

（1）演示模式。演示模式的特点主要包括：①通过演示声音、图形、视频、动画、文字等多媒体教学信息，使教学内容更形象、生动和直观；②有效地突破教学难点、掌握重点；③学生可利用教师及信息技术创设的学习环境，利用形象材料进行思维，在教师的引导下观察、比较、逐步领悟，发现规律性的历史知识；④有利于激发学生学习兴趣，培养自我探究、发现的能力，达到历史思维能力的提高。

（2）交互式学习模式。学生在教师的指导下，辅以计算机的帮助，从而进行自主参与。教师的责任在于为学生的学习提供一个合适的环境。学生个体或小组跟着计算机屏幕出现的问题操作、思考、讨论，教师要观察其进程，了解遇到的问题并及时解答，对有共性的问题组织全班讨论或讲解。

（3）信息收集整理模式。教师先向学生提出问题，然后引导学生通过查询网络所提供的多样化的、丰富的信息资源，帮助学生对收集的信息进行筛选、分析和重新组织，结合学生自己的观点提出问题的方案。

（4）网络教学模式。网络教学是指利用计算机技术、网络技术、多媒体技术和现代教学方法进行教学活动的一个整体概念，它把文字、图形、录像、声音、动画及各种多媒体教学软件等先进手段引入教学实践中。学生可以利用 Internet 国际互联网，实现资源共享，协作学习，可在自己的计算机前接受教师讲授，也可与教师进行信息交流，提出问题，接受指导，也可以通过网络访问相关站点、搜集信息、处理信息。这样有利于培养学生的问题解决能力和创新能力，可以使学生学习交流形式多样化，范围更宽广。班级内学生可以互相协作学习交流，也可与教师、国内外学者进行学习交流。

（5）研究性学习模式。研究性学习模式是信息技术与历史学科研究性学习整合的模式，是以小组协作学习为主的课堂教学结构。研究性学习的重要特征是坚持学生在课程实施过程中的"自由选题，自主探究和自由创造"，这样就可以建立"历史学科研究性学习网"，它由师生共同完成，主要由研究方向、学习资源、网上交流、课程管理、研究成果和在线帮助六个板块组成，为学生提供一个研究性学习的平台。

（三）整合教学质量的评价

整合教学质量的评价必须考虑三大方面的因素：智力因素（Intelligence）、非智力因素（Non-intellective factors）和学生课堂行为（Performance），简称为 INP。在学科教学质量（效率）评价的 INP 三维模型的指导下，要结合历史学科的教学特点，建立具体的历史教学质量（效率）的评价体系。

（1）智力因素包括记忆、理解、应用和创造的能力，主要是培养历史思维能力。采用考试测试、学生作业和学生的作品设计（如学生的课件设计、题目设计等）的检测方法。

（2）非智力因素包括学习兴趣、学习态度、注意力程度、自信心等，主要通过观察、调查问卷和个案分析的检测方法。

（3）学生课堂行为包括提问的频率、回答问题积极性、讨论交流、辩论、动手能力、合作精神、学习自觉性和主动性等，主要通过观察、问卷调查、作品分析和个案分析等检测方法。

此外，信息技术与高中历史教学整合还应注意以下问题：第一，整合要促进教学结构的变革，整合促进教学结构的变革，实现教育思想理论、教学内容、教学方式和方法全方位的现代化；第二，整合的模式，教师要根据课型、学生情况、教师的个性和教学条件的灵活运用；第三，提高历史教师的现代信息理论素养，主要包括信息意识素质、计算机基础素质、应用软件操作素质、应用多媒体、网络教学资源的素质、课件设计和制作素质；第四，加强历史教师与电教计算机教师、美术教师等的合作，是提高整合的教学实践水平的必要条件，这样就可以成立课件制作小组，促进教学软件的开发，发挥群体的合作功能；第五，开展地区间、学校间的信息技术与历史教学整合的学习交流，可减少或避免低层次的重要实践，提高整合实践的水平。

第二节　高中历史多媒体图表教学方法

在当前实施素质教育的形势下，要采取更好的教学模式进行教学，全面提高学生的素质。特别是随着信息技术、计算机硬件技术的飞速发展，多媒体辅助教学正成为课堂教学改革的必然趋势。"课堂教学手段也发生了巨大的变化，多媒体课件已逐渐成为提高素质教育的有效手段"。[①]

历史教学实施素质教育的一个重要方面是优化教学内容，教学内容的偏多偏难和教学面面俱到容易造成学生课业负担过重和厌学情绪。优化教学内容必须做到选择重点知识、浅化历史知识、构建知识网络。多媒体图表教学模式正适应素质教育中优化教学内容这一特点。

多媒体图表教学模式就是在历史教学中，借助先进的多媒体电脑教学设备，以历史"图表"为核心进行教学的一种形式。所谓"图"主要是指概括历史知识的图示、历史地

---

① 刘洋等：《高中历史教学方法研究》，远方出版社 2005 年版，第 274 页。

图、历史图片等。"表"主要是指概括历史知识的表格、大事年表等。历史上留下来的地图、图片、实物资料、文字较多，近年来，以历史为题材的影视作品也不断出现。因而，运用多媒体技术，采用多媒体图表教学，从视觉、听觉等方面让学生去感受历史了解历史、发现历史，会给历史课堂教学带来生机与活力，从而提高历史课堂效率。

运用多媒体图表教学模式，既借鉴了传统教学模式的优点，充分利用大量的历史地图、图片、知识要点文字图示，又结合了现代化多媒体教学技术，在历史教学中发挥了重要的作用。

第一，可以激发学生的兴趣。运用历史多媒体图表教学，可以把具体、形象、生动的画面展现在学生面前，给学生耳目一新的感受。多媒体课件还可以利用视听互动的功能，通过大量的地图、图片、表格及声音、影视资料等素材和丰富的转场效果，创设一种与课堂内容相适应的气氛，能使学生产生身临其境的感觉，从而调动学生学习的积极性。大多数学生由以前不喜欢、较喜欢上历史课，变为很喜欢上历史课，历史多媒体图表教学充分调动了学生学习历史的兴趣。

第二，可以培养学生学习的自觉性、主动性。具有较强的交互性，是多媒体课件一个显著的特点。利用这一点，学习的内容、进程都可以由学生自己把握。计算机信息量大，答问自如，诲人不倦，教师可以根据班级、学生的不同情况有选择地施教。学生也可以根据自己的兴趣、进度有选择地学习，这对培养学生学习的自觉性、主动性大有好处。

第三，可以增加课堂容量，提高课堂效率。多媒体图表教学重点突出、概括性强，增强课堂容量。学生可以利用节省下来的时间加深对教材的理解，还有少数同学制作课件，这进一步提高了教学效率。

第四，可以培养学生的动手能力和合作精神。历史教学涉及大量的地图。为了动态展示战争进程、交通路线，利用多媒体课件进行动态演示，就能将知识形象直观地展现出来。这样，既活跃了课堂气氛，又激发了学生的求知欲，使教与学成为有机整体。采用了区域颜色闪烁、变色的方式，使书本上的死地图变活了，学生对该知识点也产生了经久不忘的深刻印象。它能够较好地模拟动态过程，有助于学生对抽象概念的理解和掌握。

第五，可以提高学生理解、分析问题的能力。运用历史多媒体图表教学，知识要点一目了然，形象、直观；能化繁为简，变抽象为形象，揭示历史事件、历史现象的内在联系，展示历史的发展进程，便于理解，易于记忆；能简捷地向学生展现完整的知识结构，有利于学生进行复习，有助于培养、发展学生的想象、联想、推理能力，开发学生智能。当学生同计算机对话时，没有任何心理负担，能充分挖掘自己的学习潜力，取得较好的学习效果。

第三节　高中历史网络课教学资源与设计方法

一、高中历史网络教学资源分析

（一）网络教学资源及其特点

随着 Internet 技术向宽带、高速、多媒体化方向的快速发展，硬件、软件方面的优势将逐渐弱化，取而代之的教学资源优势必将越来越凸显其重要性，同时，与之相适应的资源建设也日益受到人们的重视。

网络教学需要网络教学环境支持，网络教学环境主要由网络教学资源、多媒体硬件设备设施、从事网络教育的师资队伍构成。

网络教学资源可理解为可以通过计算机网络获得，并能用于教学中的各种信息资源的总和。从目的上看是为了提高教学质量和教学效率，实现资源共享而采用计算机网络整理、传递、获取的各种教学信息；在范围上它不仅包括因特网上的教学信息资源，也包括各种城域网、广域网和局域网上的教学信息资源；既包括基于 CAI 的教学软件，也包括基于互联网运行的其他多媒体教学资源，如媒体素材、试题、试卷、案例、课件、常见问题解答、文献、资源目录索引和网络课程、网络论坛（BBS）讨论室和新闻组等。这些资源相互配合、相互支持，共同形成一个高度综合集成的教学资源库。

网络教学资源是网络教学系统的重要组成部分，是网络教学系统中的信息体系，是实施网络教育的前提和基础。建设网络教学资源的最终目的是为网络教学服务，便于学生在网上自主地进行学习，便于教师组织网络教学材料，便于教学管理人员对教学效果进行跟踪与评测。

网络教学资源的特点主要有以下方面：

（1）信息量大，增长迅速。网络教学资源虽然出现的时间不长，但发展快，数量庞大。现在，人们都看到了教育对信息需求量将呈现持续增长的事实，不仅有许多教育研究部门、各级各类学校、专业教学网站、科研科普网站等机构和教师在研究开发，还有不少专业的软件公司也把开发网络教育软件作为其主攻方向。

（2）内容丰富，形式多样。网络教学资源可以包罗万象，涵盖不同级别学校、不同学科、不同层次、不同语言的教学内容。在形式上，包括文本、图像、声音、软件、数据库等。

（3）使用方便，开放性强。网络教学资源以数字化形式存放在网络的计算机上，并通过网络进行广泛传输。它消除了地理、文化、语言和时间上的限制，任何一台连入网络的计算机都可以通过一定的工具上传或下载。可以通过网络获得许多在本地无法取得的资源，满足用户对信息资源多层面、多元化的需求，充分发挥信息资源的整体价值。

（4）更新及时，更改方便。与传统教学媒体相比，网络教学资源的处理少了印刷、运输等费时的环节，可以根据教育形势的发展将变化了的相关信息及时更新，即时在网上反映出来。

（5）随意性强，变化频繁。在网络上，由于信息拥有者可以根据个人意志随意发布和删除有关信息，所以，各种信息地址、信息链接、信息内容等常常处于经常性的变动之中，信息资源的更迭、消亡无法预测。

（二）高中历史网络教学资源的建设

1. 高中历史网络教学资源建设的具体原则

（1）实效性原则。网络教学资源建设的目的是为使用者提供最丰富的、最易于操作使用的学习材料，从而使网络教学资源的使用者能更方便、更有效地达到"教"与"学"的目的。开展网络化教学、进行网络教学资源建设，其目的不是让教学过程看起来似乎很现代，也不是学校因为大量使用了现代化的教学手段使我们在同行面前显得很有"面子"和"地位"，而应该实实在在地分析，在使用网络教学手段以后，我们能否为最终的"受者"（学习者）提供他们所需要的教学内容和他们乐于接受的学习方法，为教学者提供一种更优化的教学途径，并切实地提高教学水平，这是开展网络化教学的最终目的。

（2）规范性原则。由于教学资源的复杂性和多样性，会出现大量没有遵循统一资源库设计开发规范的不同层次、不同属性的教学资源素材，为了更有效地建设、管理教育资源，促进教育资源最大范围内的数据共享、互访，提高教学资源数据检索的效率与准确度，促进资源建设的质量，必须参照中华人民共和国教育部颁布的《教育资源建设技术规范》（征求意见稿）的基本要求，对资源的建设范围、类型、质量指标、应具备的功能、评价标准进行明确要求。

在网络教学资源建设中，要特别注意资源建设的规范性。建设的资源必须便于检索、应用，操作方便快捷，要让学生会用，并且乐于去用。资源库之间能够做到信息交流。在网络上要做到数据信息交流，最重要的是每个参与交流的数据库必须有统一通用的数据接口，而且资源库内的数据必须按一定的统一标准进行资源的建设。这也是国家要制定教学资源统一标准（CELTS）的目的所在。教学资源建设标准对教学资源的格式、编码、属性绑定等都有统一的规范。我们在建设教学资源库时一定要按照国家的规范来进行，如此才能够和其他教学资源库互联互通、共同发展。

（3）开放性原则。在教学资源的建设中，如果一个教学网站的内容基本上是按照教学课本制作出来的"数字化课本"，则学习者会选择阅读纸质课本，因为阅读纸制课本可以在任何时间、任何地点、用任何姿势去阅读书本的内容。而随意阅读的方式对于阅读者而言干扰的因素会较少，从而更容易理解书本的内容。如果是网络课程，则网络教学资源的建设者们要使网络教学资源成为学习者的首选媒体，其关键因素是为学习者提供用其他媒体进行学习无法得到的便利，让网络教学媒体和其他传统媒体相比在某些方面具有更加直接、更加有效、更加有利于使用的特点。按照"最有效的办法就是最好的办法"的原则，学习者就会乐于使用网络教学资源去开展自己的学习。计算机网络和普通传播媒体相比较，它的最大优势在于它有计算机技术（人工智能技术）的参与、具有无限的可扩展性（资源的无限丰富）和实时通信（即时沟通）的能力。在进行网络教学资源建设时充分利用计算机网络的这些特点来设计教学资源，就可以使网络教学媒体与其他教学媒体相比具有不可替代的优越性。

（4）动态性原则。网络教学资源的建设不只是资源的一系列收集、分类、组织、编码和简单的加工处理、存储、检索等活动，还包括运用现代教育思想和理念来描述和开发教学资源，周期性地评价和增删教学资源。资源的内容必须根据教学的实际变化进行动态补充，以增强教学资源的有效利用。教学资源的更新是资源建设的基础，一个优秀的教学资源库，其丰富的资源不可能一步到位，必须依靠在使用过程中不断采用优秀的 CAI 多媒体课件、网络课程、优秀教学成果、网络优质教学资源及时更新、充实资源库。只有及时对教学资源进行不断补充和更新，并随教育教学的改革、学校的发展、信息的变化，及时更新、升级甚至换代，才能适应教育教学的最新需要。

2. 高中历史网络教学资源建设的种类与编写

在网络教学的应用中，网络建设是基础，教学资源建设是核心，网络化仅仅是信息化的形式，丰富的教学信息资源和方便快捷的获取方式冰是信息化的内容和实质。因此，网络资源建设的核心问题在于教育信息资源的建设。

素材的收集、制作与保存是整个资源库建设的核心内容，直接决定资源库质量的好坏。因此，网络教学资源库的建设应吸引一线骨干教师直接参加素材的收集。素材的制作则需要任课教师与教育技术人员积极配合，共同制作出优秀的素材。素材还要根据不同的类别进行保存。下面具体探讨各类素材的分类、收集和制作。

（1）以文字、符号和图像为主的 HTML 形式的学习资源。实际应用的文本素材主要有教材、教学信息、教学知识点、试卷、教案和教学案例等纯文本信息。这类资源内容丰富、占用资源少，而且传递速度快、时效性强。它们通过网络向全校师生发布重要信息，也是教师之间相互交流教学心得的重要手段。

文本素材应当组织和发动任课教师撰写教案和素材脚本，把它们放入资源库中，在以后长期的使用过程中提供素材制作的原始资料。文本素材由于数量多，包含面广，在保存的时候教育技术人员要先注意网页或文档的标题、说明都应该规范、详尽，并考虑将其分层存储，做到由粗到细、由大到小、层次分明、方便合理，这样在投入使用时通过网站的管理系统也可以方便用户的搜索、查阅与下载。

图形、图像的收集要依托网上资源，广泛地收集合适的素材，然后及时上传到资源库中，作为以后制作图像的原始材料。教师还可随时通过数码相机等设备拍摄所需的素材。收集的所有图片均按 JPEG 格式压缩存储，这种格式保存的图像压缩格式相对于其他的格式小很多。

（2）网络音频、视频教学资源。第一，音频素材主要有解说录音、朗读录音、音乐等，它们是提高语言能力的重要工具；第二，视频素材主要有现场录像、教学录像等，动画主要是 Flash（固态存储器与动画编辑器）动画。在课堂上可以利用视频、动画的媒体表现形式来模拟现场，给教师和学生提供生动真实的画面，使学生产生亲临现场的感觉，获得直观感性的认识，其达到的效果是其他各类素材所不能比拟的。

此外，高中历史音频、视频媒体形式的教学辅导资源的创建。第一，音频素材的来源一般是成套的录音带，还有由专业人员为特定使用情况下录制的音像材料。这些音像素材需要专业人员通过计算机的声卡采集转化为数字素材，然后把它们保存到教学资源库中。第二，视频素材是占用资源库资源较多的数据。因此为便于在网络上传输，适应目前网络教学的要求，在视频素材的制作和存储过程中应考虑尽量减少素材文件的大小，它的收集一般有两种方式：一是教育技术人员深入教学现场拍摄的教学实况；二是学校购买的教学视频。如今可以将这些长期积累的资料，借助现代化手段进行数字化再加工，并将资料进行重新整合、筛选，将之转化成可利用的数字化资源，加入资源库中，这样师生就可以通过校园网随时调用以供学习中使用。

另外，视频录像带首先要数字化。通过视频采集卡将这些模拟信息转换成 AVI 格式文件，这种文件格式相对较大，但是视频质量高，容易剪辑。AVI 格式的视频文件可用于其他视频文件制作时的原始资料，在实际使用过程中可根据学科知识点的需要从中剪辑出所需要的片段。剪辑完的录像片段再压缩成 MPEG 格式存储在光盘上，适合于文件的保存和观看。对于网络传播的视频文件，教育技术人员可以把它转化为 RM 或 RMVB 格式。这种格式不仅保持文件的原有视频质量，而且降低了文件所占硬盘的空间，很适合网络传播。

动画素材主要以专业人员制作为主。利用 Flash 动画工具，可以将图像、文字、声音等信息合成为一个活动图像序列，以直观的效果展现给学生。动画素材的应用克服了以往视频素材文件体积庞大、修改不便、不适合网络教学等弊病，学生通过观察动画中关键帧的变化，很容易发现事物的变化过程，教学效果突出。

（3）具有交互性的多媒体网络课件资源。从计算机和网络等信息技术所具备的优势和特点来看，信息技术的重要优势在于它能够提供一个多种媒体相结合的、动态的、交互性非常强的学习环境，因此我们在设计和编写教学课件时要充分发挥计算机网络的动态性、交互性和多媒体的优势，制作出多媒体的网络教学课件，用来解决常规教学手段很难办到的问题。课件是根据课程教学的需要，运用媒体信息的整合技术，对一个或几个知识点实施相对完整教学的，用于教育、教学过程的软件。根据运行平台的不同，课件可划分为网络课件和单机运行课件。网络课件应该能在标准浏览器中运行，并且能够通过网络教学环境实现共享；单机运行课件可通过网络下载后在本地计算机上运行。学生可以自主使用网络课件进行学习。他们可以按照课件的不同选项，得到相应的操作结果，不同操作可以得到不同的课件反映。这样，学生的学习情况可以得到动态的反馈。网络是一个具有天然探索性的空间。学生在使用网络课件学习时，由被动者变为主动者，学生的自主控制使个人更好地学会怎样有效学习。一些动机理论专家认为自主控制会使人感到自己有能力，活动也就更具个体意义和内在兴趣动力。所以具有交互性的多媒体课件可以有效地支持学生的自主学习，充分发挥学生学习的主动性和创造性。

在多媒体网络教学课件的设计与编写流程中，课程设计牵涉到课程设计方法、脚本编写技巧等。而教学资源开发涉及各种媒体的开发工具，如声音编辑软件，平面图像图形设计软件，二维、三维动画设计软件，数字影像编辑软件等各种工具。在编著阶段又有编著软件的选择与使用等技巧。课件开发中首先要选好工具软件，不同的课程有其不同的特点，针对不同的特点要采取不同的工具软件。我们的任务就是要分析各种工具软件的优缺点、使用掌握的难易度、擅长何种教学形式，并将这些知识普及到每个学科教员，使他们能够掌握合适的工具软件，做出合理的课程设计，开发出效果好的课件。目前常用的多媒体网络课件资源主要有国外的 Powerpoint、Authoware、Flash 软件，国产的课件大师、方正奥思等软件编写的网络课件。

Poweipoint 的特点体现在三个方面：第一，整合多种形式的媒体。它能够把教学中所需要演示的文本、图形、图像、音频和视频等多种形式的媒体进行整合，使教学内容的演示和呈现更加方便快捷，更利于教师的操作和学生的认知。第二，播放灵活。PowerPoint 的播放控制灵活方便，可根据实际教学情形和需要随时调整演示和呈现的内容，并根据学生的反应及时调整播放节奏。第三，编辑方便。PowerPoint 对教师的计算机操作能力要求较低，并支持随时的编辑修改和完善。对于历史学科的教学课件编写而言，是非常实用、方便的设计工具。

Authoware 在多媒体整合与交互功能上有着突出的优势，利用 Authoware 可以轻而易举地利用视频、音频、动画、文字素材设计出一个效果突出的多媒体教学课件。实际上很多多媒体制作公司的教学软件都是采用 Authoware 制作的，比如洪恩公司的开天辟地系列计算机知识学习软件。Authoware 可以导入多种形式的视频、音频、动画、文字素材，并提供丰富的功能把这些媒体素材有机地结合在一起，设计出一个效果突出的多媒体教学课件。Authoware 的交互性也更强大，它可以提供按钮交互、热区交互、文本交互、随机选择交互、目标交互等交互形式，而且还提供了动画、框架浏览、条件选择等强大的功能。利用 Authoware 可以不经过编程就设计出功能强大的多媒体学习课件。当然 Authoware 内置了许多系统函数，支持编程，利用这一点可以实现更多的功能。Authoware 最终发布的课件可以独立运行，也可以发布成网络课件的形式以流媒体的形式边下载边播放，所以也适合制作网络课件。但由于大量采用视频、音频媒体，也容易导致最终生成的文件体积过大而不适合网络传输。

Flash 具有实用方便、功能强大（Flash 自带脚本语言，可以利用脚本语言进行编程，从而实现许多复杂的功能），制作出的 SWF 文件，体积小，矢量图形清晰度高，交互功能强大，通用性好，可以镶嵌在网页中。

为克服通用多媒体课件开发工具不能紧密结合某些课程内容的弊端，降低开发课件的难度，我们应在课件开发的模板化和不同学习策略的开发工具上下功夫。课件开发的模板化就是针对不同性质学科的特点，将该学科的教学模式抽象为多个可以直接套用的模板，并给予相应的资源库的支持。有了丰富的资源和使用简单的教学设计模板，就可方便地完成多媒体课件对交互性的要求。在课件编写过程中，从总体的教学设计到具体的教学方法，从版面设置到对象属性设置，都有模板及提示向导，从而降低开发多媒体课件的难度。对于特别的教学内容采取特殊的教学方法，如教师讲授某个计算机软件操作技巧时，可在该软件的实际操作环境中，引入指导内容，使得讲授与实际练习操作同时交互进行。

（4）以 BBS 论坛为平台的信息交流资源。BBS 电子布告栏在网络上由来已久，是一种即时性的双向整合性布告系统，由于它的开放性和充分体现自由的精神，使用者可以在此与他人分享或交流自己的经验知识，更可以与来自不同地区的使用者谈心或聊天。现在，很多学校校园网上也都建立了自己的校园 BBS 论坛，用来为广大学生和教师提供抒发心声和获取信息的园地。因此，可以合理利用 BBS，创建网络条件下的教育环境，为教学与学习服务。BBS 论坛作为学习者讨论和交流的园地，大家可以在论坛上畅所欲言。讨论和交流不局限在学习小组内，任何人都可以在论坛发表意见，进行争论、交流和互相学习。BBS 论坛是学习交流活动的场所，主要用以发布人们对有关主题的认识与看法，以及有关主题项目式学习的成果，也方便成果交流和活动评价。

由于 BBS 上不要求大家同时、同地上线，因此学习的组织形式也有多种，可以个别化辅导，也可以群组讨论；可以由教师引导大家进行某些问题的讨论，也可以由同学们自己提出问题，由大家共同讨论。在该系统中，教师利用教师空间提供的功能，可以将公共资源数据库中心的基础资源按照教学要求进行任意组织，并将结果以电子教案的形式发布给学生，也可以直接将各种教学资料、作业和个人网站、课程系统直接发布给学生或上传电教中心网站，并能对上传或发布的信息进行查看和修改。

第一，教学答疑。教学答疑包括实时答疑和异步答疑。实时答疑即在线答疑，教师和学生同步上网，学生可以选择一位教师，与教师进行"面对面"的提问与解答。基于实用性的考虑，目前能实现的实时答疑主要是文字形式的，还不是语音的或视频的。异步答疑应当是教学答疑的主要功能。学生将问题提交给系统，系统自动在答疑库中搜索问题的答案，如果搜索到答案，就将答案反馈给发问的学生；如果搜索不到，则系统将自动把该问题提交给相关的教师进行解答。对于同一个问题，不同的教师可以给出不同的答案，并同时反馈给发问的学生。授权教师负责对系统答疑库中的问题和答案进行整理。

第二，专题讲座形式。这种形式主要是教师采用，有实力的学生也可以采用。发言人可以针对某个主题，组织详细的内容发表出来。这种形式适合用来阐述某些重大的问题，或是来进行系统的复习辅导。可以每次针对一个问题，让大家明白一个道理；也可以针对某几个问题，形成一个系列。专题讲座形式内容要求经典、材料翔实、权威科学，又要求语言生动活泼，适合学生阅读。学生通过阅读这些专题，有助于系统性地掌握知识，了解某个问题的来龙去脉。当对这些论题有自己的想法和观点时，可以进行跟帖讨论。

第三，自我展示。每个学生都有自己的优点，都有自己的长处，但在应试教育的压力下，很多学生的长处在巨大的考分差距面前都黯然失色，没有了表现的机会。如果能给一个学生展示的舞台，让学生充分展示自己的优点，让别人了解自己的优点，那么不仅可以改变一些学生的传统形象，也可以培养他们的自信心，增强他们学习的动力。BBS 就是这样一种舞台。它可以充分发挥学生的自觉能动性，学生根据自己在学习、生活中的经验体会，总结出自己的观点，发表在网上，作为一种展示。这样可以扩大宣传自己，满足自己争强好胜的心理，使自己有成就感；同时也是对自己辛勤探索的一种肯定。另外还可以把自己的好的经验同大家共享，共同进步、提高。

（5）网络电子图书资源。电子图书是采用二进制的数字化形式将图书文献的文本存贮在计算机可阅读的磁盘或光盘载体上，在计算机软件的支持下形成电子图书数据库，并再现出来供人们阅读利用。出现于 20 世纪 80 年代初的全文检索技术极大地促进了电子图书的发展，尤其是近年来多媒体技术和超文本技术广泛应用于电子信息的处理中，促使电子图书赢得了更多的读者，使电子图书具有"图、文、声并茂"的特征。随着 Internet 的兴起，基于网络的电子图书获得了大规模的发展，一些著名的站点在收录电子图书方面很有特色。网络电子图书资源以其携带方便、阅读方便、便于检索统计、便于复制、容量大、大部分免费等特点吸引了大批读者。高中生的经济能力有限，不需要像大学生、研究生一样购买专业性较强的付费资料，比较适合在业余时间看一些免费的网络电子图书资源。

网络电子图书资源的创建途径有以下两个方面：

第一，可以在网络上搜索，利用百度、搜狐等搜索引擎可以找到一些历史著作的电子图书，在查找的时候特别注意关键字的选择，在选择时要根据我们的主题，本着宁缺毋滥的原则进行取舍。互联网上的电子图书绝大部分是完全免费的，只要登录相关网站，就可以无限制地尽情下载。完全免费下载的站点为北极星书库，该站点拥有各种图书资源，如"中华古籍""外国文学""学术名著""英文原著""原创作品"等，点击进入任何一个分类栏目，即可免费下载相关书籍，如《上下五千年》《史记》《左传》《三国演义》《水浒传》以及中外人物传记等。部分免费的下载站点为E书时空。完全收费的下载站点为超星图书馆。超星数字图书馆是国家"863"计划中国数字图书馆示范工程项目，由北京世纪超星信息技术发展有限责任公司投资兴建，以公益数字图书馆的方式对数字图书馆技术进行推广和示范。图书馆设文学、历史、法律、军事、经济、科学、医药、工程、建筑、交通、计算机和环保等几十个分馆，目前拥有数字图书几十万种。下载超星图书需要在各地服务中心购买读书卡。超星图书采取直接纸质文本扫描（不识别）的方法制作，不但保留了纸质图书的原来样式，而且除非原稿本身有误，否则电子图书中不会出现错别字。

第二，自建电子图书资源，将传统的图书转换为电子版。传统图书的数字化主要有两个途径：扫描和重新录入。第一种方法需要一台扫描仪和制作电子图书的软件，方法是用扫描仪把图书资料存储成计算机中的图像文件，图像优化以后制作成电子书籍。其好处在于效率高，短时间内即可完成。不足之处在于文件比较大，不利于网络传输，且无法编辑、修改。第二种方法重新录入，可以人工录入，也可以通过扫描仪的文字识别软件录入。这样制作的电子图书，文件小，便于网络传输，文字符号等可选择、复制和编辑，缺点是工作量大，尤其是人工录入。

（三）高中历史网络教学资源的管理

1. 高中历史网站教学的整体规划设计

（1）网站结构设计。"网站的结构设计主要是指由历史教师根据历史学科教学和学科的特点确定网站的主要栏目。"[①] 根据教学网站的原则与功能，结合学科教学活动的普遍

---

① 　杨然：《高中历史网络教学资源建设》，载《河北师范大学（2008年版）》，第29页。

性，高中历史教学网站包括如下栏目：

第一，历史学科知识：按类别提供本学科的知识。如横向可分为中国古代史、中国近现代史、世界近现代史，纵向可按知识线索分为若干专题，如中国古代史可分为官制、选官制度、行政制度、监察制度、改革和变法等。

第二，历史资料下载：下载有关资料的打包文件。

第三，虚拟课堂：包括教学内容、教学目标、学法指导、课堂练习、答疑板、论坛。

第四，历史学科论坛：教师或者学生可以在论坛中提出自己的问题，也可以回答别人的问题。

第五，历史在线测验：学生可以在网络上进行测验，计算机能自动批改，并将成绩写入数据库中；教师则可以通过管理模块对试题、试卷和成绩进行管理。

第六，学生园地：用于展示学生的学习成果和学生自己收集的资料。

第七，历史作业处理：学生由此可以提交作业和了解教师的批改成绩，教师则通过管理模块对学生提交作业进行在线批改。

第八，历史教师园地：展示教师基本信息、教案、论文等。

第九，网站管理：包括学生管理、测验试题管理、测验试卷管理、信息发布管理、论坛管理、网站系统设置、测验管理、作业管理、虚拟课堂管理等模块。

（2）网站视觉效果设计。网站的视觉效果设计由美术教师与历史教师一起完成。目前学生不愿意访问学科教学网站，原因之一就是网站设计没有重视网站的视觉效果设计，一个良好的视觉设计可以使学生在访问网站的同时受到美的熏陶，使学生喜欢网站。网站的视觉效果设计包括网站版式和色彩字体两个方面。网页的视觉设计作为一种视觉语言，特别讲究编排和布局，版式设计通过文字、图形的空间组合表达出和谐与美。色彩、字体是艺术表现的要素之一，在网页设计中要根据和谐、均衡和重点突出的原则，将不同的色彩进行组合、搭配，设计出适合学生学习的网页颜色、字体体系。另外，在设计时还要重视网页形式语言与网页内容、历史学科特点的关系。

（3）学科教学网站框架实现。历史学科教学网站框架程序应由计算机专业人员制作完成。使用先进的动态网页技术与网络数据库技术，构建带有在线更新功能的学科教学网框架。目前较多学科网站的建设都是由学科教师自己制作的，由于学科教师的计算机水平较低，加上平时忙于教学事务，很难建成高水平、高质量的学科教学网站。计算机专业人员根据网站设计，采用先进的动态网页技术与网络数据库技术，构建带有在线更新功能的学科教学网框架程序，这样可以保证学科教学网站的技术水平，同时又能提高学科网站的管理能力，降低网站信息建设和维护的难度，使得掌握一般计算机操作能力的历史教师都可以方便地使用。

2. 高中历史网站教学的导航设计

根据网站的整体结构，导航系统的实现可采用横向导航、纵向导航、树状导航、网状导航、导航图、导航条等。导航设计的基础是网络教学资源的分类管理，只有网站内的教学资源进行了科学的分类存放和管理，才能通过有效的导航系统便利地查询。在网络教学资源内容丰富、结构庞大的情况下，可以专门设置导航图页面显示网络教学资源的整体结构，并设置与其他页面的超链接。这样，学习者就可以随时跳转到导航图页面，并经由导航图页面跳转到自己感兴趣的页面进行学习。

3. 高中历史网站教学用户管理系统

为了保证教学资源库的正常运行，需要提供强大的系统管理功能，包括用户管理、权限管理、安全管理、故障管理和网络性能管理等。对系统相关用户信息的管理，系统提供用户认证功能，用户通过输入相应的口令来验证自己的身份。通过认证的用户才能使用上面的各项功能；不同等级的用户对不同类型的教学资料具有相应的浏览、添加、修改和删除功能。

4. 高中历史网络教学资源的后期管理

教学资源建设是一个集教育、教学、管理、交流的庞大的数据库，应用方便是教学资源的生命。网络教学资源内容繁多，建设周期长，建立一套完整的资源库维护、更新机制极为重要。资源库的日常维新是建设的一项重要工作。

教学资源的管理，应保证资源的权威性、应用方便两个方面。负责对上传资源的审查、筛选、优化和整合工作，确保其内容的科学性、教育性，同时以研究促开发，通过对资源库建设内容、开发体系、技术标准、评价体系的研究，不断提高资源库的质量和层次。

（1）新教学资源添加。发挥网络优势，实现资源共享。充分利用网络等各种媒体资源，将 Internet 上大量免费或付费的教育教学资源网站进行链接，定期下载国内外优秀教育教学资源网站上丰富的 CAI 课件、教学素材和优秀课程资源，进行相关教学资源的整合、更新，按照统一的分类标准纳入资源库管理，实现教学资源共享。加强自主开发，实现共建共享。教学资源库的服务对象主要是一线教师，包括各学科 CAI 课件、网络课程等，建设主要以教学资源的数字化、标准化、共享化为目标，发动广大教师积极参与网络教学资源库的建设，鼓励教师将自己在教学过程中开发、积累的特色教学资源纳入资源库管理。同时根据学校的具体情况，重点建设一门或几门学科的资源库，形成自己的特色，以保证资源库的充实、丰富，在网内达到资源共享。

（2）原有教学资源的调整、删除。在网络教学资源的后期管理中，原有教学资源会出现部分资源不再满足教学需要的情况，这时就要对这些资源进行调整或者删除。教学资源由于受存储空间的限制以及知识的更新，必须定期进行检查，对于不适合再使用的教学资源要及时调整与删除，以便提高资源的利用率。在具体调整时，要注意区分实际情况采取不同的处理措施。有些教学资源只是部分内容不再适应新环境了，修改以后可以再次使用；有些资源则是彻底无法使用，就可以删除了。

（3）网站原有栏目的添加、调整。网站的栏目一般在建设好以后就不要进行调整了。调整栏目的工作量很大，包括主页、新调整的栏目、其他栏目的导航链接等，稍有不慎还会出现网站运行错误。所以，我们对网站栏目的添加、调整要十分谨慎。但是，如果网站的有些栏目确确实实不能再发挥应有的作用，或是有些急需的栏目，我们就必须对原有栏目进行调整和添加。这就要求我们在设计网站的时候多方论证，搞好策划，将网站的整体框架和栏目设置规划好，尽量免除日后调整的麻烦。

（4）网站数据的备份。随着计算机和网络的不断普及，人们更多地通过网络来传递大量信息。在网络环境下，还有不同的系统故障、线路故障等，使得数据信息的安全无法得到保障。在这种情况下，数据备份就成为日益重要的措施。

（四）高中历史网络教学资源的学生能力培养

信息获取能力是人们通过大众传媒、人际交流和自然感应主动获得信息的能力。但 Internet 的普及性发展，改变了信息的结构，网络信息已成为当代信息的主体，其所占比例正在逐步扩大。因而，现代意义的信息获取能力主要是指借助现代信息技术获取 Internet 网络信息的能力。网上信息是多种多样的，但获取信息的工具、手段、方式基本相同，程序、步骤、规范大致相近。对于大部分学习者而言，以前所接受的主要是基于学校的传统教育，因此并不具备顺利开展网络学习的基本素养，即网络操作基本技能、信息处理能力、应用"网络语言"与人沟通能力、信息共享意识。培养学生信息获取能力应从下面方面实施：

1. 帮助学生确立科学的目标

由于学生学习兴趣、动机和掌握知识的难易程度不同，所需要的信息也不同，需要既是目的又是动机，因此，目的不同，需要的信息也不同。明确的目的是学生信息获取的起点和终点，它促使学生去寻找、捕获、保存、加工、利用、传播、反复循环，形成以获取为起点的信息流动过程。

2. 引导学生拟定合理的获取范围

获取信息范围较大，学生易失去从网上获取信息的兴趣。引导学生拟定合理的目标，科学地确立范围，熟悉信息源及其编排查找方式，使他们知道从哪些地方可以得到教学资源，并掌握其知名度、信誉、收藏信息的范围及索取路径。

3. 培养学生信息获取的工作能力

圆满完成信息获取工作的根本条件是善于运用各种工具和手段，形成获取信息的技能技巧，这是一种到达获取信息理想目标的智力因素。在信息获取的操作过程中，除包括传播与接受手段、编排查找方式外，与此相关的还有信息甄别、分析、加工、整理、储存、典藏、编码、标识、输出、利用、效果和评价等，是一个比较复杂的过程。

（1）提高信息意识，培养主动追踪查寻的能力。信息意识是学生对信息的敏感程度，包括对信息的识别与获取能力，对信息的分析、判断以及对信息的利用能力。信息意识不是与生俱来的，它是人们在社会活动中对信息的价值和功能感知的一种思维活动。信息意识强的人能及时抓住信息、利用信息；信息意识弱的人即使遇到有价值的信息，也容易错过良机。从某种意义上来看，只有激发学生的信息需求意识，才能在开展教育教学、举办剪报和图片展览、推荐新书、举办讲座、读书活动和开展书评等一系列具体的活动过程中，使学生主动追踪查寻所需信息，提高学生自觉利用信息和知识的意识，才能促进学生形成分析综合、获取有价值信息的能力。

（2）加强文献检索知识的学习，培养主动利用信息的能力。向学生传授文献检索理论和技能，是让学生掌握收集最新科技信息的知识和方法，开启知识大门。引导学生学会系统地归纳问题、检索和运用文献，培养学生思维能力和系统化的工作方法。在了解传统文献检索知识，如基本的学科类别知识、主题词知识、自由词知识、缩检扩检知识以及组配检索知识等的同时，应增加光盘检索的学习。

（3）加强实践训练，提高学生的实际操作能力。随着网络知识的普及和广泛应用，学校添置了一些先进的计算机网络设备，开辟了电子读物阅览室与多媒体读物阅览室，组建了一系列的自动化网络系统，如公共流通系统、公共检索系统、光盘检索系统、WWW 查询系统等，为培养学生信息获取能力提供了硬件支持和良好的外部环境。利用电子文献阅览室，对学生进行阅读多媒体出版物、光盘检索、校园网的利用、网上检索技能等的实践训练，从而掌握现代化技术的操作方法。另外要对 Internet 网络信息的分布规律、分布动态有较全面的了解，主要是了解综合性网站和专业性网站的信息主体的学科性类别及内容重点所在。通过反复实践操作，就能掌握多种中、外文检索工具的使用技术、方法及获取原始文献的技巧，从而提高现代信息技术的运用水平，尤其是 Internet 网络的运用水平。

（4）提高英语水平，保证全面准确地获取信息。Internet 网络信息是当代信息的主体，而大部分网络信息是以英文形式存在的，能否主动、全面、准确、快捷地获取所需信息，就要看英语的应用能力。若不能熟练地运用英语就谈不上利用 Internet 网络信息。所以在实际操作过程中，应加强学生英语与计算机知识的教学，为学生的终身学习和科研奠定基础。

二、高中历史网络课的设计方法

目前，在高中历史教学实践中，人们已越来越重视计算机网络资源功能的开发与利用。设计合理高效的历史网络课，实现计算机技术与历史课堂教学的整合成为当前我们高中历史教师所追求的目标，也是现代教育的大势所趋。信息技术与学科整合的实质就是用信息技术支持课堂教学的根本性变革，使"教"与"学"趋于一致。整合的思想是以整体的、联系的、发展的、变化的观点，去分析、研究、解决学科教学中现存的问题，实现教学目标的综合化、教学过程的民主化、教学方法的多样化和教学技术的信息化，为解决过去在学科教学中面向全体学生、因材施教、师生互动等问题创造新的途径。因此，要设计出好的历史网络课，用网络课吸引学生的兴趣，应该注重以下重要环节：

（一）选定课题内容

网络课固然有很多的优点，它可以激发学生的学习兴趣、提高学生的学习效率、扩大学生的知识面等，但并不是说所有的高中历史内容都适合设计成网络课的形式。比较适合利用网络的形式来设计历史教学的内容主要有以下两种类型：

（1）信息量较大的内容。这类内容是很适合设计成网络课的，因为网络课一个很大的优点就是容量非常大。对于那些知识容量大的内容，用传统的历史教学模式是很难在45分钟内完成教学任务的，即使勉强完成了，效果往往也不是很理想，但利用网络我们就可以较好地完成。如教师可以将知识容量较大的内容分成学习目标、学习重点、学习难点、知识梳理、史料精选（文字类和视频类）、课堂测试和史苑论坛等几大块，通过网络的快捷、简便、链接等优势，更好地实现教学目的。

（2）思维成分多的内容。网络课的另外一个优势就是具有较好的交互性，教师可以利用网络课中的论坛加强与学生的交流，及时地了解学生的学习情况，回答学生的提问，并且对学生的观点做出合理客观及时的评价，所以在高中历史教学中对于思维成分较多的内容，如果设计成网络课在 BBS 中让学生发表观点并提出自己的问题，就更利于教师与学生交流，也可使每个学生都能有机会发表看法和提出问题，从而实现个别化教学。

（二）合理运用材料

利用网络设计高中历史课，可以扩大学生的知识面，可以使学生学到很多在课本上学不到的历史知识，但网上资源的庞杂，也使得一些教学活动的参与者，尤其是学生感到无所适从。因而，在历史网络课的设计过程中，筛选历史资料时应多注意以下方面：

（1）尽量"多而不杂"。历史知识在网上是非常多的，设计历史网络课就是为了更好地扩展学生的知识面。所以在教学设计的时候历史教师往往会找很多网上的历史资料供学生阅读。但有很多教师在这个问题上犯了一个通病，即把大量历史资料机械地堆砌在一起，全部放在同一个目录下让学生去阅读，往往会导致学生看完之后难以理解，因此，在这个问题的处理上教师可以根据教材的内容分成多类，把不同类型的资料放在多个小目录下，制作多个超链接，这样就可以避免材料过于庞杂，从而让学生有针对性地、有选择性地去阅读史料。

（2）尽量避免"野史"。历史是过去发生的事情，因此对于同一件历史事实往往会出现很多版本。我们在筛选资料的时候就应该尽量避免那些证据不足的史料。有的教师在设计的过程中为了激发学生的学习兴趣经常会在网上找一些未经证实的"野史"给学生看。在网络教学过程中运用"野史"肯定会影响一部分学生的历史观点，这对于高中历史教学任务是不利的。

（3）尽量找"活史料"。即尽量找一些与现实有联系的资料。历史不是固定不变的，昨天是今天的历史，今天是明天的历史。

历史知识不仅具有过去性，和现实也有着密切的联系。因此，历史学习应注重与现实的结合，体现历史科学的现实意义，提升历史教育的功能。所以历史教师在设计时应该找一些与现实联系较紧的材料。在设计历史网络课的过程中对网络资料的利用不能盲目用，而是要精心筛选，合理归类，科学利用，这样才能达到预期的目的。

（三）设计讨论话题

在历史网络课件的设计中，论坛是一个必不可少的环节，因为利用网络论坛的交互性，可以很好地培养每个学生的思考能力和分析能力。那么设计好的讨论话题就成为历史教师的一个重要任务。要设计好的讨论话题也不是一件容易的事情，必须注意以下两方面：

（1）忌"纯理论"型。忌"纯理论"型是在设计历史讨论话题时首要考虑的问题，因为我们面对的教学对象是高中生而不是大学生。高中生的历史学习还停留在对基本史实和一些简单的历史理论的学习上，如果设计一些纯理论型的话题，则必然会导致学生无法讨论，即使有的同学能讨论也只是停留在教材的知识上，而不可能有自己的想法和观点。因此在讨论话题的设计时应该结合学生的实际水平，找一些与史实结合较紧密的话题，这样才有利于讨论的真正展开。

（2）忌"大而广"型。在设计讨论话题时除了要避免纯理论型话题出现外，还应该避免讨论范围大而广的话题出现。如果设计一些范围大而广的话题，则往往会使学生在讨论时陷入一种"无从下手"的境地。其实在设计讨论话题时只需要就本节内容中一两个问题的几个小的方面加以讨论就可以达到预期的目标了。网络课有较好的交互性，要充分利用网络课的交互性就必须设计好的讨论话题，只有这样才能得到事半功倍的效果。

（四）充当课堂导游

在历史网络课上，教师应充当一个非常出色的导游，在以下三个方面导好一堂历史网络课：

（1）语言交流不能省。在网络环境下历史学科自主性学习的实施过程中，我们应该注意现代教育技术的应用与传统教学方法、手段的有机结合，避免"技术万能观"。传统教学方法中的面对面交流，师生、生生间的情感沟通都是网络所不能替代的。因此在历史网络课堂上绝对不能忽视面对面的语言交流。如果缺少必要的语言交流，就容易使一部分学生把注意力转移到与课堂教学无关的网页上。整堂课也会变得缺乏活力。在教学过程中教师可以对学生写出的帖子特别是一些好帖做口头评价，并请学生到前台来讲解写出这些帖子的意图，同时也可以让其他同学来评价这些帖子。这样一来就很好地将现代教学手段与传统教学方法结合起来了，既发挥了计算机技术的优势又活跃了课堂气氛，激发了学生学习的积极性。

（2）评价要及时合理。在一堂课上对每个学生的观点都做出评价，这个在传统课堂模式上无法完成的任务在网络课就能得以实现。但是在实际操作过程中就要求我们历史教师能及时合理地做出客观的评价，并要以鼓励为主，这项工作主要是在 BBS 论坛中进行，也就是说当学生在论坛上就教师设计的讨论话题跟帖后，教师应迅速地浏览并且尽量对每一个帖子做出鼓励性的评价。在历史网络课中对学生观点的评价不仅要及时还要恰到好处，当然要做到这一点并不容易，不仅要求历史教师具有良好的思考能力，同时还要具备较好的计算机操作能力，特别是打字速度要快。

（3）技术指导勿忽视。这里所说的技术主要是指计算机操作技术。教师作为网络课堂的导游，不仅要引导学生如何去学习本节内容，同时还应该为学生做好各项服务工作，当然包括学生在计算机操作过程中遇到的一些困难。总而言之，历史教师在一堂历史网络课的前前后后起着重要的作用，可见，历史教师是历史网络课的编著、导演，同时也是历史网络课的导游和技师。当然要当好这些多重身份必须要求历史教师不断地用现代化的教育手段和教育理念来提高自己，充实自己。只有这样才能真正发挥网络在历史教学中的作用。

第四节　高中历史微课教学设计与实施方法

一、高中历史微课及其教学设计

（一）高中历史微课的类型划分

常见的微课类型如下：①根据教学方法进行划分，涵盖演示、表演、问答、合作学习、练习等若干种类型；②根据教学内容进行划分，包括"传道型"微课（对应"情感态度价值观"）、"授业型"微课（对应"知识与技能"）、"解惑型"微课（对应"过程与方法"）；③根据最优传递方式进行划分，包括讲授型、实验型、解题型、活动型及答疑型微课；④根据"微视频"的核心录制方式进行划分，包括录屏型、混合式、摄制型及软件合成型微课；⑤根据使用者与核心功能进行划分，包括社会大众学习型、教师专业发展型及学生自主学习型微课。

根据上述分类标准结合高中历史学科特点和教学实践，本书认为适合高中历史教学的微课可以分为以下类型：

（1）知识点讲解型历史微课，主要用于课程的要点讲授、重难点分析、疑点解答、考点分析等，此类型微课的制作方式为录屏软件录制（录屏软件+PPT 课件）。这一类型的历史微课既适合新授课的课前预习与课后复习阶段，也适合复习课的使用，尤其是复习课的效果特别明显，它还可以细分为重点讲解（如"明朝的内阁制"）、难点突破（"图析近代英、美、法、德四国代议制民主政体分权与制衡"）、疑点解析（"汉代儒学为何能成为正统思想"）、考点复习（"近代中国的思想解放潮流单元总结"）等类别，目前这也是在实际的历史教学中使用最多、广大学生接受程度最高的历史微课类型。

（2）解题技巧型历史微课，主要通过培养学生的解题技巧从而提高学生的解题能力，这一类型的微课往往以考试题型进行分类，如"高中历史材料题的方法讲解""背景、原因、条件非选择题解题方法"等，也可以进行经典试题的分析，制作方法除采用录屏软件录制外，还可以采用可汗学院模式（屏幕录制软件+手写板+画图工具）或手机拍摄模式（这是最为简便的模式，只需手机、笔、试卷即可），这种类型的微课比较适合复习阶段的习题课使用，学生也可以在家自主学习，所以在最后的迎考复习阶段效果较好。

（3）史学素养提升类历史微课，如史学常识类微课（"中国历史纪年的由来"）、基本理论型微课（"唯物史观"）、活动演示类微课（"历史年表的制作"）等。史学素养类微课主要是满足学生多元化发展的需要，既有利于学生目前学业水平的提高，也能满足学生终身学习的需要，更有助于学生的个性化发展。

（二）高中历史微课的资源构成

高中历史微课的资源构成也可以用非常 1+5 来概括。"1" 是微课的最核心资源即教学微视频，它可以是教师通过录屏软件录制视频，也可以是某段影像视频，时长一般约为 5 分钟，最长不能超过 10 分钟，它反映的是教师针对某个知识点、具体问题或教学环节而开展的教学活动过程；"5" 是要提供 5 个与视频相配套的教学辅助资源，包括微教案（微课教学活动的设计和说明）、微课件（教学过程中所演示的多媒体课件）、自主学习任务单（指导学生自主学习的方案）、微习题、史学拓展资源（围绕教学内容的其他学习资源，如网站、史料、影音资料等）。其中微教案、微课件主要为教师提供备课的资源，而教学微视频、自主学习任务单、微习题和史学拓展资源则是由教师为学生提供的学习资源，特别是自主任务学习单使教师从台前退居到幕后，台前让给了按照自己步骤自主学习的学生。正是这种后退，使教师成为学生进行自主式学习的指导教师，可这样理解，自主学习任务设计得好坏，对学生开展自主式学习的深度与广度及实现学习目标具有决定性作用，而史学拓展资源则弥补了课堂资源的不足。

（三）高中历史微课的重要作用

1. 对学科建设的重要作用

（1）能够促进课程理念的实现。一是个性发展的需要，对于学生而言，微课作为一种自主学习的方式，能使他们在正确认识学习价值的基础上，通过良好学习习惯的培养，逐步掌握符合自身学习特点的方法，通过自觉、有效地获取使用信息，从而学会学习，完成自我发展的需要。二是学生历史学科学习素养的培育。对历史学科而言，其最重要的学习素养指的是：学生学习历史时，能逐渐养成的一种具有历史学科特点的思维方式和核心能力，能够反映出学生的历史知识、情感态度、学习能力以及学习方法等，增加学生对历史学科的了解，形成正确的历史价值观。

（2）利于历史学科与信息技术的整合。历史学习是一个从直观感知历史到理性积累知识，从理性积累知识到理解历史的过程。历史内容的鲜活性决定了历史学习应该是生动有趣的；但历史的过去性又容易造成学习历史的陌生感，尤其是学生升入到高中之后，对史料分析和解读的能力明显不能适应高中历史学习，造成历史课听得懂考不好，从而降低了学习积极性。微课却能够充分发挥信息技术的优势，既为学生的历史学习创设了丰富多彩的历史情境，又提供了有力的学习工具（如自主任务学习单、在线测试等）。

（3）丰富教学模式，提高教学有效性。这里主要是教学模式的变革，即教的方式的变革、学的方式的变革以及教与学交流方式的变革，也是由千人一面的教育向个性化教育转变。在以往的课堂教学中，教学过程按教师预先设计的步骤进行，偶有一些自主活动的活动也受制于限定的范围内为某个教学环节服务，学生基本处于被动状态。而在微课教学中，它是以关注学生的"学"为主的环境，难了可以反复，易了可以快进，学生学习的自主性得到充分的重视，平等和服务成为核心。教师更多地成为学习情境的创设者、组织者和学习活动的指导者、引领者。结合学生的具体表现情况，教师能够有针对性地安排一些和学生实际相适应的学习素材，设计相应的活动情境；为学生提供相应的学习内容，确定相应的学习方式，收获相应的学习成果。鼓励学生在探究问题的过程中，发现新问题，尝试自己解决问题，使学生感到学习的价值和意义，从而更深入、更持久地投入到学习活动中。

2. 提升课堂教学效率

提升课堂教学效率如资源的补充、课堂教学方式的转变、个性化教学辅导的设计以及学生学习兴趣的激发。学生通过预习微课先了解重难点知识，然后通过课堂活动进一步掌握相关知识点，此外通过提前对一些知识点的掌握开展有针对性的学习。和导学案相比，教学微视频和自主任务学习单的提供，使预习更有趣味，也更加高效，是导学案的视听升级版，这为促进自主学习提供了新的思路。而在课堂上通过微课的引用，可以轻易地创设教学环境，进行课堂探究活动，对于基础知识则可以通过课堂小测试的形式进行检验，优化了教学环节，高效地开展了课堂教学。授课结束后，学生还可以通过观看教学微视频的方式进行复习，取得了良好的复习效果。学生可以依据自己掌握知识的程度去复习微课或进行拓展资源的学习，这可以让学生多角度了解知识点，扩展学习视野。同时还可以利用一些平台的推送功能，推送在线作业题，及时得到作业的评价和获得相关反馈信息，通过对学生学习的过程的记录与保存，从而让学生能够全面掌握自己的学习情况，制订个人学习计划；也能够为教师对教学成效进行评价，以及掌握学生学习的情况提供便利。但每一次的在线作业不宜过多过难，如果复习的数目过多过难，会使学生感到烦躁，从而降低学习的积极性。

3. 提高教师专业素质

微课能推动精细化教学，一节好的微课需要教师具备广博的知识面和精准的知识整合力，在上课前要广泛地收集教学素材，精心选择教学内容。教师要结合微课的"微而全"的特征，思考如何合理有效地划分出有教学意义和教学价值的知识点；思考如何制定出符合学生认知水平和认知发展规律的教学设计和自主任务学习单；思考如何在有限的时间内选取小的切入点，把知识点讲清、讲透；思考如何更好地设计教学中的合作学习，以满足探究活动的需要；同时还要注意如何将教学资源与信息技术结合，以适应移动式、泛在式的学习，最大限度地将碎片化的时间使用起来进行学习。利用微课能够进一步提高教学表达水平。微言大义是微课的特色，在微课教学的具体步骤中，一定要精炼且主题明显。具体授课时，教师必须确保其所授内容言简意赅、逻辑清晰且十分简练，从而提高历史教学能力。

4. 培养学生自主学习历史的方法

在新兴的教育技术与资源基础上发展而来的微课，是真正以学习者为中心进行设计的。就学习环境而言，微课带给学生"一对一"的学习体验，在微课的空间中，只有一个学生一个教师，在这个空间中学生是安全的、舒服的，少数服从多数的"不情愿"与当众发言或展示的"不好意思消失"。就学习形式而言，学生可以随意开始、停止和重复播放每个教学视频，使"我控制着我自己的学习"成为现实。由于提前学习的实现，学生在进行课堂合作学习的时候，不再无话可说、无事可做，从旁观者转变为参与者。当学习者学习的自由权和自主权得到了应有的尊重，学习就不再是一项任务，而是一件"为自己而做"的事，微课就成为"自我导向型"学习驱动的课程，这就造成了学习根本目的的改变和学习方向的潜在变化。学习根本目的的改变促使学生认清自己的实际需要，并生发学习的自主性和目的性。

学习方向的潜在变化则使学习开始偏向问题的解决而不是被动认知。当这些变化发生时，学生才会真正享受到学习的魅力，并掌握学习的能力。这正与发展核心素养的学会学习的三个方面不谋而合：①乐学善学，关键在于对学习价值有一个全面的认识与深刻的理解，能够积极主动开展学习，且学习热情高涨，可以形成一个较好的学习习惯，形成与个人学习实际相适应的一套学习方法，可以自主地进行学习；②勤于反思，关键在于有着对个人学习状态做出具体审视的思想认识与习惯，能够良好地进行经验总结，可以按照不一样的情境，并结合个人实际情况，选用与之相适应的学习方式方法等；③信息意识，关键在于可以自发地、有效地对一些信息进行汲取、评判与运用，有着相应的数字化生存技能，能够与"互联网+"等发展形势相适应，有着良好的互联网伦理道德以及信息安全方面的思想意识。

(四) 高中历史微课的教学特点

1. 满足学生个性需求的特点

微课包括微课预习、微课课堂学习、微课课后练习以及反馈评价，通过这样一个综合资源，全方位、多层次地满足学生的个性需求。学生本身具有一定学习基础与认知能力，他们可以根据自身情况选择需要了解或者感兴趣的内容进行预习，从而增强学生学习的主体意识。教师进行微课设计时，在材料的引用、问题的设置、作业的布置等方面也会考虑不同学生的特点，这就可以满足学生获得有针对性学习的要求。尤其是像手机、平板电脑的普及，越来越多的设施成为学生学习的工具，而运用手机等电子产品开展主动学习，也成为一种新颖的学习形式和潮流。学生也可以在课下对微课内容反复观看，针对课上不懂的问题继续学习直到学会为止。学生也可在线咨询教师与同班同学，从而促进师生关系、增强学生协作能力。在作业布置方面，教师要充分发挥微课拓展延伸的作用，根据学生具体情况来确定作业内容或者对知识点需要加强的方面来进行作业巩固。另外，学生也可根据自身学习基础选择难易程度，从而加强学习自信心，提高学习兴趣。

2. 促进教师专业发展的特点

在新课改要求的指导之下，教师通过微课教学的开展，不断更新教学观念，转变教学模式，从而更好地实现历史核心素养的培养目标，这些对教师的专业水平提出了更高的要求。教师可以通过微课教学培训，更好地掌握微课教学这门技术，从而提高教师的教学水平。微课作为一种综合性资源，设计形式丰富，对教师的要求较高，包括专业知识、教学能力、信息技术，更加考验历史教学资源的整合与加工能力。对于微课历史素材，主要取决于教师的专业素养、学科能力和对教材内容的把握。教师进行微课教学，要在把握教学要点的同时，兼顾不同层次学生的需求，在史料设置上使各种学生都可根据自身的实际情况，在不同程度上达到提升能力的效果。同时，微课教学作为一种新颖的教学试验方法，可以帮助教师及时发现问题，提高教师与学生之间的互动机会，增加学生的课堂体验。教师在微课程丰富资源辅助的情况下，可以让自己的教学设计更加精彩，也可以充实自己的知识，使自己的专业素养得到提高。

3. 改善课堂教学效果的特点

微课内容丰富，教师通过贴近生活、趣味横生的文字史学资料，更易于抓住学生的注意力。另外，微活动也可充分调动起学生的学习兴趣，学生通过微活动不仅掌握了知识，还可以在活动过程当中学会如何去发现问题、解决问题。传统历史课堂和微课相比缺点较多，在整个课堂中频率较为统一，从而导致学生学习效率和积极性的下降。微课时间控制在5~10分钟，符合学生心理特征，教师在此基础上运用微课教学，有效地结合多媒体手段，保障学生的注意力更多地放在课堂当中。学生也可根据教师的要求和帮助来进行微课制作。微课以信息技术为依托，更加考验学生的电脑操作水平，所以学生对微课制作积极性较高。在课堂当中，由于自己参与其中，学生更会珍惜劳动成果，对微课内容会更加仔细地聆听。这样有利于抓住学生的注意力，端正学生的学习态度，提高学生学习的意识。

（五）高中历史微课教学的设计分析

历史教学设计是指为了实现一定的教学目标，历史教师依据历史课程内容主题、学生的认知发展和学习特点及相关的客观环境条件，运用教与学的原理，在提供精选的优质历史学习资源的基础上，设计一个完整的学生历史学习的过程。

1. 高中历史微课教学设计的注意事项

（1）避免选题不当。选题是微课开发的第一步，是从总体上考虑"做什么""为什么做"的问题。"做什么"就是依据《普通高中历史课程标准》和课堂教学实际，确定微课内容的侧重点；微课的应用模式就是"为什么做"的问题，同时确定微课的题目。在微课的命名上最好不要用教材中的课的名字，在内容选取上，每个微课涉及一个知识点，不能涉及多个。另外并不是所有的内容都适合做成微课，如学生过于熟知和一些概念性的陈述，这些概念本身并不是能引起学生认知冲突的内容，也没有对相关概念之间的关系进行辨析，这样的教学内容与其做成微课，倒不如让学生看书来得更快些。有些并未形成难点、重点和疑点，内容又一般也没有必要制作成微课。总之微课课题不仅要"小而精"还要"微而全"，这里的全并不是指教师需要在单一的微课里把内容的前因后果都讲清楚，而是指微课的内容也要自成体系，教学过程要完整，逻辑性强，符合学习的认知规律。

（2）避免表现单一。在设计微课的时候应该适当地采用多种表现形式，而且根据美国教育家戴尔的"经验之塔"理论，如果能采用多样化的媒体形式来加深学习者对其的理解，则对于学生观看视频的兴趣与教学的效果的提升有着积极的意义，因此追求表现形式的丰富多彩和课件制作的精致成为微课设计质量的关键因素。

（3）避免教学逻辑含糊。有的教师制作的微课只是时间短，内容分散，主题不聚焦；有的教师微课只是截取了课堂实录的一个片段，缺乏导入和总结。他们只看到了微课的"微"，而忽视了微课作为课程的内在教学逻辑。如果微课在教学组织和表达方面逻辑性差，则会导致学习者在学习完毕之后不知道教学过程的主线，如主要想讲授与解决的重点是哪些内容以及媒体素材的组织与教学内容之间的关系。例如，在讲解过程中，对于主要的内容没有在视频中清晰地呈现，对于教学的重点没有加以强调，或者在使用视频时没有引入过渡性的话语，给观者的感觉是视频素材的简单罗列。因此在微课的教学过程中，要适当标注 PPT 中的重点内容，突出所讲的重点和主线。

2. 高中历史微课教学设计的关键内容

（1）选准内容巧立意。第一，以内容为主。从学生的需要出发，制定微课的内容。正如在学生的问卷调查中关于微课教学内容的调查选择"知识梳理"是最多的，这就说明基础知识虽然简单，但是越简单的越不一定能理解透彻。基础知识是向难重点知识延伸的基础，如果想掌握高难度的知识，就必须深入理解最基本的概念。基础知识是解决实际问题的思路节点，学生如果连最基础的历史知识都没掌握的，是很难理解一些历史概念和现象的，尤其在目前高中专题的历史课程设置情况下，所以在我们设计高中历史微课时应该把基础知识的整理作为重要内容。第二，立意要巧妙。历史学科的教学立意，从宏观层面上是指通过历史学习，学生汲取的超出历史知识层面的历史智慧、经验、教训，掌握的历史学科核心能力，树立的核心价值观；在微观层面上教学立意的确立必须以宏观的为核心，结合具体教学内容。

（2）解读问题助思维。问题是思维的起点，提问本身就是引导思维的过程，也是吸引学生进行学习的重要方式。

（3）创设情境重激趣。情境是思维的发展，设计情境是让学生学会思考并提出问题的最有效的方法。微课重在破解而非介绍，不是直接告诉学生答案或结果，而是向学生展示对一个知识点的解释或推理过程，也就是将知识生产的脉络呈现给学生，使学生学会学习。

二、高中历史微课教学的实施方法

（一）贴近生活，趣味横生

微课的融入将书本知识直观化、趣味化、生活化，提高了学生学习的积极性，加深了学生对于历史知识的认识与理解。微课的编排应该立足于学生的特点，结合学生生活实际，拉近学生与历史的距离。例如，在学习人教版高中历史必修2第四单元第12课中"从计划经济到市场经济"中讲解计划经济的产物——票证时，可通过微课教学模式，结合贴近生活、趣味横生的教学案例来加深学生对于计划经济的理解。以下为教学实例：

师：同学们，老师今天问大家一个问题，你们逢年过节家里边都准备什么啊？吃什么年夜饭？过年能收多少压岁钱啊？

生：……

师：看来咱们的同学们都过得挺"奢侈"啊。多好的时代啊！你们的爷爷奶奶以前在过年最大的愿望就是能吃上一顿饺子，穿一件新衣服。那时候没有鞭炮，他们呢，就将扫帚点燃，噼噼啪啪替代鞭炮。然后一家人坐在热炕上面吃好吃的（饺子、油饼、瓜子），根本没有什么苹果、香蕉等。压岁钱也就是一毛两毛。

师：你们的爸爸妈妈小的时候又是怎么过年的？你们听说过父亲提到过吗？那时买东西都要有个票证的，如买粮吃饭要粮票，买猪肉要肉票，买油要油票，买布要布票等。要是过年要做一件新衣服，必须有足够的布票，要是家里没有布票，就无法买布，你就只能在村里、邻村挨家挨户借。也许等你凑齐了做一件新衣服所需的布票，然后赶到了代销店，恐怕营业员会很无奈地对你说：对不起，棉布上午就卖完了。

（二）改变观念，有效落实

1. 形成微课资源库，实现资源共享

微型课要实际变成学习知识和学习方法融为一体的崭新高质资源，必须将微型课和历史课堂授课革新联合，同时做好课程资源联合，产生一个广参加、广放映、广辩论、广交流、广辨析的完整授课方式。

微课作为一种全新的教学模式，需要不断实践与探索，才会使其得到更多人的认可。任何一种新生事物都有一个发展的过程，而微课就处于这样一种状态。很多教师对于微课并不是很了解，并且在中国从事微课教学也不普遍，即使有些教师想对微课教学有所涉足，但是现在网上微课资源涉及内容较少，历史教师并不能方便地在网络上进行下载与借鉴，这就需要大家为形成微课资源库做出共同的努力。并且微课的制作要耗费大量的人力和物力，所以教师要筛选出优良作品，放入校园资源库中，从而实现资源共享的终极目标。一方面学习制作微课的手段；另一方面以教研组为中心组建研发小组，利用相应材料开始制作微课。教师不断采集信息，听取教师与学生的反馈建议，同时进行有效合理的分工协作并促使教师较好地落实任务，比如部分教师关注世界史，部分教师关注中国史。

另外，可以将课程中运用的微课资源分享到公众邮箱里或将所做微课资源上传到公共学习网站，供教师和学生随时利用。教师之间相互学习，相互帮助，共同探讨，从而为微课的发展做出应有的贡献。学生按照自身的情况，进行有效浏览并确定学习任务，这将大幅度地提高学生学习的积极性，也为学生的个性化学习提供了相应的平台。形成微课资源库不仅要依靠所有历史教师的参与和认同，同时也需要国家、学校对微课资源库建立的高度重视，从而实现教育水平的不断提高。

2. 以学生为主体，让学生动手制作微课

课堂存在的意义就是通过课堂学习，使学生学有所得，调动学生的主体意识，激发学生的主动性。教师在教学中要转变教学观念，使学生成为学习的主人，让学生利用手机、电脑、纸以及笔完成微课的制作，以此提高学生动手制作能力。教师可以事先规定内容，如书本上的一个概念、较难理解的知识点等，还可以为学生准备好能够直接使用的教案，并最后在学生制作微课完毕的基础上帮助学生整理视频素材，通过这些环节来减轻学生制作微课的复杂程度。微课制作完之后在课堂上进行放映，从而达到辅助教学的目的。

以学生为主体，让学生动手制作微课主要有两方面的优势：一是学生在制作微课的过程中掌握了知识点，通过课堂展示环节能够提升学生的语言表达能力，还可以提升学生的

逻辑思维能力，使学生对于知识可以达到学以致用的目标。二是基于学生的立场，由于学生参与到微课制作过程当中，他们就会更好地接受微课教学这种模式。学生通过微课制作的过程，相互交流探讨，真正动起手来，从而实现"以学生为主体"的教育理念。

例如，人教版高中历史必修2第四单元第13课"对外开放格局的初步形成"中，主要描述经过20多年的改革开放，我国已经形成经济特区、沿海开放城市、沿海开放区、沿江开放港口城市、延边开放城镇、内地省会开放城市的开放体系。教师可以让学生参与微课制作，自己寻找相关地图与文字、视频资料，尔后在教师的帮助下制作成多个微课视频。学生在参与过程中巩固了本节内容的知识，并通过文字史料的引用，加强对学生历史核心素养的培养。

（三）加强培养，提升师资

教师要为了每一个孩子的发展而不断努力，学生学无止境，而教师更要做好终身学习的准备。随着新课改的不断深入，教师更要转变观念，不断追求进步。由于历史学科博大精深，涉及范围特别广，如何在众多材料中选取准确的史料来插入到微课中，这更加考验了教师的教学水平，所以要求教师要不断提升自己的专业能力，广泛涉猎各类史书书籍，更要对微课教学进行时常反思。教师要在明确学情的基础上，对教材上的内容进行再度开发，脱离固有的教学模式，真正成为课程的开发与实施者。教师同时要积极参与微课培训，通过网络或者面授培训的方式不断提高微课教学所需要的各方面的能力，并充分对微课进行研讨与应用，从而使自己的教学跟上时代的步伐。另外，历史教师应同其他学科的教师加强沟通，并保持良好的人际关系，共同探讨微课教学的方法实施，利用他人、他科的教学优点来促使历史教学水平的提高。

此外，教师还要清楚认识到微课师资培训与传统师资培训相比存在以下区别：微课师资培训应该通过面授或者网络授课的形式，更好地依托信息技术，以达到培养专门的微课教学人才的目的，并使这些人才回到学校带动其他教师及时转变教学观念，从而践行教育改革的要求。这样的师资培养更具有带动性、开创性、公益性的特征。而传统师资培养主要是为了教师个人的成长，为了学校的声誉和学生成绩的提高，这样的培训具有功利性。此外，微课师资培养要让师资具备的能力具有全面性、综合性的特点，从而必须具备较好较细的评价反馈机制才能使其更好地推行。因此，微课师资培训后的具体操作评价会比传统培训更细化、更具有针对性。

第六章　高中历史教学方法的应用实践研究

第一节　高中历史教学中自主学习及其模式的应用

一、高中历史教学中自主学习分析

（一）自主学习的特性

（1）自主性，也称能动性。通俗而言就是学生愿意学习，把学习看成自己的事情。在传统的教学中，教师的教被抬到很高的地位，学生的学一直不受重视。所以在现实的学习活动中，学生渐渐地失去了自主性，养成了依赖性。自主学习是一种主动、自愿和自发的学习，它是一种内在的过程，即基于兴趣和情感的学习，或是基于责任和义务的学习。因此，自主性是自主学习的基本特征，它表现在学习活动前，对学习情境的自我分析、学习目标的自我规划；学习活动中，对学习行为的自我监控、对学习方法的自我选择；学习活动结束后，对学习结果的自我评价、自我反馈。学生积极主动地参与到教学活动中，能对学习活动提出自己的意见，学习是出自内心的需要，是"我要学"而不是"要我学"，更不是在外界的压力和要求下从事学习活动。

（2）独立性。相对于他主学习的依赖性，独立性是自主学习的重要特征。在传统的课堂教学中，学生过分地依赖教师的传授、依赖教师的答案、依赖教师的评价。纵然在教学中离不开教师，但是学生的独立性才是学校教育培养的重点。新课改要求教师培养学生的独立性，培养学生独立搜集信息、分析信息的能力，独立解决问题的能力。每个学生都有自我表现的特点，因为他们自身有很强的独立学习能力。自主学习要求学生减少对教师或他人的依赖，独立自主地安排学习内容并完成预先设置的学习计划，增强自己的独立意识和能力，以便将来适应复杂多变的社会。

（3）相对性。在日常学习活动中，学生绝对自主和绝对不自主都是不存在的，学生的学习一般介于两者之间，只是程度不同而已。每个学生的学习都有一定的自主性，可能在自己喜欢的方面表现得自主程度强，在自己不喜欢的方面表现得自主程度弱。强迫学生在学习活动中完全独立自主，脱离教师，那是不可能实现的。这就要求教师监控学生的学习活动，了解学生在哪些方面自主性强，在哪些方面自主性弱，从而有针对性地提出措施，引导学生自主学习。同时也要求教师正确对待"差生"。其实在学习活动中无所谓"差生"，由于学校教育的特点和学生心理发展的差异，不同的学生可能对同一问题的看法不一样或兴趣不浓厚，导致对某一方面知识的建构不积极。这就要求教师提供各种情境，激发学生的学习动机，从而提高学生的学习自主性。

（4）有效性。有效性是对自主学习结果的要求。如果一个学生在学习活动中表现得很积极、主动，忙得不亦乐乎，但是没有取得成果、没有获取知识、没有发展能力，那么这种学习也不是自主学习。有的教师制作了看似很精彩的教学设计，既有师生互动，又有生生互动，学生很愉快地上完一节课，但是没有留下深刻的东西。所以，在教学活动中，教师应该时刻监控学生的学习过程，引导学生适时选择恰当的学习方法；学生应该根据目标要求做阶段性的自我检测，防止偏离预设的学习目标。自主学习就是在学习活动中协调好各要素，以达到最优的学习结果。

（二）高中历史教学中自主学习存在的问题

（1）历史教学观念传统，忽视自主学习模式。高中历史是高中学习中的重点科目，学生通过对历史的学习，不仅可以完成学习要求，还能够丰富自身的历史知识，提升自身文化素养，但由于在高中历史教学中存在着一些问题，致使学生的学习效率较低，无法完成相应的学习目标。在高中历史教学中，一部分教师的历史教学观念传统，导致其在教学过程中，仍对学生采用传统教学法，这让学生失去了学习历史知识的兴趣，从而导致学生历史学习成绩下降，并且由于受到教师传统教学观念的影响，学生的学习思维过于僵化，影响自主学习能力的提高。同时，教师在进行历史教学的过程中，没有把自主学习模式应用到历史教学中，让学生在学习过程中，失去了学习的主动性，影响其学习效率的提升。而且一部分教师虽然在历史教学中，应用自主学习模式帮助自身开展历史教学活动，但在这一过程中，其对自主学习模式的具体内涵与特征掌握得不准确，影响学生对历史知识的学习。

（2）自主学习能力差，历史教学内容单一化。"在高中历史教学中，学生自主学习能力差，也影响其教学工作的开展。"[1] 学生在学习时，由于面对枯燥的历史知识与繁多的

---

① 马振刚：《自主学习模式在高中历史教学中的运用研究》，载《考试周刊》2017年第91期，第141页。

学习重点，极易失去学习兴趣，影响学生对历史知识的学习。导致学生在历史学习过程中，没有充分发挥自身的学习自主性，影响高中历史教学的开展。同时在历史教学中其教学内容的单一化也对历史教学产生了一定的影响。其一，教师在对历史教学内容进行安排时，没有考虑学生的学习进度，依据教学目标对历史教学内容进行拓展，影响历史教学的开展；其二，在高中历史教学中，教师没有合理应用信息技术丰富历史教学内容，极易让学生失去学习兴趣。

第三，缺少历史评价机制，历史教学效率较低。教师在高中历史教学中，应用自主学习模式帮助自身进行教学时，没有构建历史评价机制对学生的自主学习结果进行科学、系统的评价，让学生在运用自主学习模式学习时，存在着一定的盲目性，影响其历史学习成绩的提升。同时，高中历史教师在应用自主学习模式辅助自身进行教学时，没有让学生真正做到自主学习，影响其教学效率。

（三）高中历史教学中自主学习的应用策略

1. 教师活动

（1）制定有利于自主学习的教学目标。历史教学目标是师生在历史学习过程中的指南针，是教学的基本方向和基本要求，是历史教学的灵魂。教学目标决定了高中历史教学的效益和结果。自主学习活动离不开有效的教学目标。高中生已经有了比较成熟的思维能力，独立性、自主性增强，已具备自主学习能力的基础。因此，在高中历史教学中，教师应该帮助学生制定有利于自主学习的目标。

①教学目标的制定应该具体、明确。教师在制定教学目标之前应该深入研究《普通高中历史课程标准》的课程目标和内容标准、教材、学生。在深刻把握这三个要素之后再制定历史教学的三维目标。教师制定的三维目标应该是具体的、可操作、可测量的。因此，在历史备课中，教师应该把制定具体、有效的教学目标作为首要任务，对教学做合理的规划。

第一，教师应该改变传统的教学目标观念。以往的教学大纲描述的教学目标的行为主体是教师，并认为教学目标是对教师的行为要求。现在很多历史教师在制定教学目标时，仍然采用这种方式。新课改要求，学生是教学活动的主体，所以在制定教学目标时，应该预设学生的行为，展现学生的学习过程。

第二，教师在制定教学目标时，应该仔细琢磨如何应用行为动词，行为动词越具体、明确，教学目标越好操作、评价。

第三，教师在制定教学目标时，应该详细描述学习的过程和学习的方法，使学生易于操作。

②教学目标的制定应该具有差异性。学生的差异性在于学生的个性。学生的个性发展对于历史课程的意义在于，为爱好历史学习的学生提供一定的条件，充分发挥这些学生在历史学习方面的特长和潜能。教学目标的制定应该因学生而异，因为每个学生的认识水平、心理特征、对历史的理解和兴趣各不相同。因此，针对层次较高、理解力强、对历史感兴趣的学生，教师可以制定有一定难度、具有挑战性的教学目标，如果目标过于简单，学生就会失去动力、兴趣。教学目标设置在"跳一跳，够得着"的高度上，就会激发这些学生学习历史的积极性。反之，针对学习水平较低、对历史不感兴趣的学生，教师可以制定比较简单的教学目标，学生比较容易完成，尝到成功的甜头，在课堂教学中可以穿插一些人物、故事，激发学生的兴趣，在教师的引导下能够走上自主学习的道路。

（2）营造有利于自主学习的课堂环境。传统的历史课堂以教师为主体，以教师的讲述为主要方式，给学生划重点，学生处于被动地位，被动接受知识，谈不上自主学习，导致学生的思维狭隘，语言组织能力、与人交流沟通能力弱化，这与历史教育所要达到的目的是违背的。环境虽然不能决定一个人的品性，但是在一定程度上能改变一个人的发展方向。所以要想培养学生自主学习的能力，教师就应该从学生学习的环境着手，让学生身处民主、平等、愉悦的环境中，学生就会喜欢上历史，主动探寻历史。宽敞明亮的教室、积极愉悦的课堂氛围能激发、促进学生的自主学习。营造良好的环境，历史教师应该从两个方面着手：一是外在的课堂物质环境；二是内在的师生心理氛围。

①营造良好的课堂物质环境。自主学习的外在物质环境包括教室的布局、光照、温度、卫生、座位安排，以及自主学习所需的学习材料和学习设备等。其中座位的安排和学习材料的选取对自主学习的影响比较大，因为座位的摆放方式会影响师生、生生之间的交流，学习材料的选取会影响学生学习的内容和动力。

在传统的课堂中，一般采用秧田式的排位方式，这种方式能使教室容纳尽可能多的学生，学生面向教师和黑板，有利于教师讲授、学生记录。但是这种方式影响师生、生生间的交流，坐在教室后面和两侧的学生，因为距离远，很少得到与教师交流的机会或是很少得到教师的关注，导致他们对历史课堂的反馈迟缓，甚至失去兴趣。而且这种方式存在等级划分之嫌，许多教师将学习成绩好的、听话的学生安排在教室的前半部分，成绩差的、调皮的学生安排在教室的后边，这本身就违背了新课程改革的理念。传统的排位方式虽然有优点，但经过证明，这种做法不利于学生自主学习活动的展开。

为了适应学生自主学习，有研究者提出了不同的座位安排方式，例如U形、矩形、圆形，学生人数较多时，可以采用双矩形、双圆形。这些方式使教师和学生都能够清楚地看到他人、扩大活动的范围，而且有利于学生、教师之间的交流和讨论，有利于教师观察课堂情况、获得学生反馈。

②营造良好的课堂心理氛围。课堂外在的物质环境要通过内在的师生心理状态才能起作用，所以课堂上师生的心理因素才是自主学习的决定性因素。另外，在压抑的环境中学习，学生的思维和创造力很容易被压制，其学习效率也很低。因而在课堂上创建积极的心理氛围是一项艰巨的任务。

第一，应该创建融洽、和谐的课堂人际关系。自主学习的课堂是以学生为中心的，其重要特征就是平等、和谐的师生关系。如果学生感受到自己与教师间的关系很融洽、平等，就会产生安全感、更强的自我效能感，他们会主动地接近教师，表达自己的诉求，提高自己的自主学习效率。这种良好的课堂心理氛围还包括和谐的同伴关系。有人缘、受同伴欢迎的学生自信心强、敢担当、有积极的学习心理准备。为了给学生提供自主学习的环境，教师应该把课堂建设成一个师生、生生之间彼此尊重、合作、信任的学习天堂。在课堂中，教师应该更多地强调相互间的合作，而不是激烈的竞争。因为竞争容易产生仇视、对立，而合作会产生信任，有利于培养学生的交流组织能力。

第二，应该营造平等、尊重的课堂气氛。在传统的课堂中，教师往往会用历史的标准答案来衡量学生的回答，这样学生的思想就被抑制，长此以往学生因得不到满意的肯定而失去学习历史的主动性。因此，教师应该抛弃传统的师道尊严，把学生当作一个独立的、与自己平等的伙伴，师生是双向平等互动的主体。在课堂教学中，教师应该尊重学生，民主管理。当学生积极主动地参与到教学活动中并且提出了独到的观点时，教师应该及时表扬并加以肯定；当学生在学习活动中遇到了困难和问题时，教师应该及时提供帮助，增进师生间的信任。自主学习活动的过程并不是一帆风顺的，学生会遇到不同的困难，所以教师应该及时激励、帮助学生。在历史教学中，学生偶尔会提出超越教师预先设计的"意外问题"。这种现象的出现也表明了该课堂的氛围是平等的、民主的。

（3）选择有利于自主学习的教学模式。在传统的历史课堂上，教师喜欢以自己为中心，结果一堂课下来自己很累，学生过后也都遗忘了。因为学生没有参与课堂活动，没有亲身体验，他们依然感觉历史很遥远，更谈不上自主学习。为了提高学生的自主学习能力，教师应该充分利用历史学科的特色，采用多样化的、生动有趣的教学模式，让学生积极参与到课堂活动中来，深入他们认为无法触及的历史中去。教学模式是在一定教学理论指导下，在教学实践的发展中形成的一整套教学方法论体系，是较为稳定的教学活动框架和活动程序。在此探讨三种教学界常用的、有利于学生自主学习的教学模式：

①情境教学模式。随着新课程改革的深入发展，建构主义学习理论越来越受高中教师的欢迎。情境就是建构主义学习理论的一个核心概念，也是学生主动建构的起点。在课堂教学中，历史教学情境的创设对学生自主学习有很大的帮助，有利于激发学生的学习动机、吸引学生主动参与课堂活动、活跃课堂氛围，让沉闷的历史课"活"起来。

②史料教学模式。在自主学习的教学中，教师应该提供适合学生学习的材料。结合历史学科的特性，近年来史料教学越来越流行，成为高中历史教学的主流。

③支架式教学模式。支架式教学应当为学习者建构对知识的理解提供一种概念框架，这种框架中的概念是为学习者进一步理解问题所需要的。为此，事先要把复杂的学习任务加以分解，以便于把学习者的理解逐步引向深入。支架式教学最直接的理论依据就是维果茨基的"最近发展区"理论。学生实践支架式教学的类型有很多，根据高中历史的特点和高中学生的心理发展状况，认为采用问题支架与史料相结合的方式有利于学生自主学习活动的开展。

（4）使用有利于自主学习的评价方式。教学评价是学习活动不可或缺的环节，它既能给学生提出自我发展、完善的方向，又是给教师、教育部门提供决策的依据。教学评价包括教和学两方面，即学生学业评价和教师教学评价，其中前者是教学评价的核心内容。在历史教学中，要想提高学生自主学习的能力，就得淡化传统的分数观，将学生作为评价的主体，"立足过程，促进发展"，多种评价方式兼顾，重视学生的表现性评价。

①以学生为主体，革新评价观念。传统的学生评价方式是通过一张试卷分高低，以分数论，试卷内容过于注重课本知识，忽视历史思维与方法的培养，这种评价方式以知识、试卷为主体。

②重视表现性评价。表现性评价是新课改以来，历史学科探索得比较成熟的适合学生自主学习的新的评价方式。

2. 学生活动

教学包括两部分，教师的教和学生的学。高中历史教学中自主学习方式的应用不仅包括教师创设各种有利于自主学习的"教"的方式，也包括学生自己采取有利于自主学习的"学"的方式。下面主要从学习动机、学习时间、学习方法、学习资源四个方面论述学生在自主学习活动中应该注意的事项。

（1）学习动机。学习动机是学生学习的内在支持、内在原因。学习动机是学生自主学习的最主要的推动力。人本主义心理学家马斯洛的需要层次理论给教育工作者指出了努力的方向，但是忽略了学习者自身的兴趣、好奇心等因素。在学习活动中，学生是学习的主体、活动的中心，在学习过程中有自己的认识、判断。然而，现在许多高中生缺乏学习动机，厌恶学习，其学习的动力来自家长、教师的压力。学生应该把学习看成是自己的事情，不是为了别人读书、学习，而是为了发展自己的智力、提高自己的素质、增加自己的经验，以适应社会发展的需要。

历史的内容博大精深、蕴含丰富的人类智慧，有曲折离奇的历史故事、性格迥异的历史人物。学生培养自己的兴趣就应该从具有趣味性的历史故事、人物着手，然后再上升到理论层面。在学习历史的过程中，首先要调整好自己的学习态度、清楚要达到的学习目标，独立地预习教材、理解知识、运用知识；其次，对学习活动能够自我调节、自我控制，根据自身条件顺应、同化、建构历史新知识。

（2）学习时间。时间就是宝贵的生命，高中的课程安排比较紧凑，学生的学习强度较大，所以合理、高效地利用学习时间就显得很重要。因此，学生要想提高自主学习能力，就得学会管理学习时间。历史的自习时间很少，所以要高效利用课堂时间，学会手、脑并用，养成记笔记的好习惯，紧跟教师的思路，突破重难点。在课下，首先要合理安排历史的学习时间，课前五分钟预习新课，整体感知教材，标记重点、难点；课后五分钟整理本节课的笔记，及时巩固本节课的知识，并安排课余时间完成相应的练习。其次，高效利用历史的学习时间，应该改变懒散的习惯，充分利用边角时间，晨读之前抽出五分钟左右的时间复习上节课的内容，历史课的作业较少，应该在相对集中的时间里迅速完成。

（3）学习方法。有效的学习方法是学好历史的一条捷径，有利于提高自主学习能力。它是学生在学习历史的过程中不断总结经验教训的基础上形成的适合自己的方法。另外，在教学过程中发现，一些学生喜欢学习历史，但是成绩总提不上去，关键是没有养成好的学习方法。在教学实际中，运用学习策略和掌握学习方法，可以更好地发挥学生学习的自觉性和自主性，使学生减轻和克服学习上的困难，提高学习的质量。另外，根据自己学习历史的经验和其他优秀的学习方法做以下方面：

①听课的方法。听课是学生学习必备的技能之一，也是获取历史知识、解答历史疑难问题的主要途径。听历史课的方法，主要分为"听""思""记"三个方面。"听"就是在听历史课时要认真、集中注意力，准确把握重难点知识。"思"就是听课时要会主动、积极思考，尤其是疑难问题，只有经过思考的东西才能理解透彻、才能记忆准确。"记"就是在听课的过程中对重难点知识、概念、观点整理在自己的笔记本上，以供后期复习参考。

②阅读的方法。历史是一门阅读量比较大的学科，由于其具有过去性，无法再现，所以研究历史的方法主要是研读史料。怎样在大量文字基础上迅速获取关键信息，是大多数学生想要掌握的方法。以考试中的材料题为例，首先要认真审题，知道问题问的是什么，其次要带着问题去阅读材料，在阅读材料的过程中用笔画出关键词句，再把所学相应的知识与关键词句结合起来，组织答案。

③记忆知识的方法。由于历史学科的特性，记忆是不可避免的，怎样记住这些繁杂的知识是学生比较头疼的。比较好的记忆方法有数字代表法，即把历史知识、过程用数字概括出来。

（4）学习资源。学习资源是一个笼统、模糊、尚未形成定论的概念。广义的学习资源是对一系列提供学习、支持学习与改善学习事物的总称。狭义的学习资源是指学习内容和学习资料。学习资源是学生学习的载体和内容，对学习资源的利用程度和利用效率体现一个学生自主学习的能力。另外，由于学习任务重、历史学科的现实地位，学生对历史学习资源的理解过于片面。经调查发现，很多学生认为历史学习资源就是课本、练习册和试题，课堂上学好课本，课下做好练习册、试题就是利用好了学习资源。然而高中历史学习资源既包括教材、教具、学具、教学设备、校园文化、社区文化等显性的知识资源，又包括学生、教师和家长认知经验中所隐含的智慧资源。

对于有条件的学生应该利用好网络资源。网络学习资源是伴随计算机、通信、网络技术迅速发展起来的新型学习资源。对于课堂上没听懂的知识和课下不会的习题，学生可以利用网络搜寻相应的资料。当前有些经济发达的地方正在探索翻转课堂，这种课堂就是以互联网为平台，把课堂之上的学习延伸到课堂之外，课前学生通过网络资源提前预习新课，课堂之上师生互动解决疑难问题，并在线通过习题巩固知识，打破了学习的时间、空间限制。除此之外还有各种历史网络精品课堂、历史学习网站等。

说到学习资源，我们往往想到教师，却忽视了学生自己这个重要的资源。现在学生获取历史知识的途径多元化，学生之间的交流互动显得更加重要，学生间的资源共享也是学生提高自主学习能力的方法之一。不同的学生对于同一历史问题的思考、见解是不同的，学生之间的交流就是不同思想之间的碰撞，可以扩展大家的思路。所以学生应该充分利用同学这种身边的学习资源，其关键在于学生要积极主动地去交流。

在高中历史学习活动中，学生应该注意从多方面、多角度培养自己的自主性、主动性，积极参与到学习活动中来，学习是自己的事，要对自己负责，教师只是"领路人"。

（四）高中历史教学中学生自主学习能力培养

在激烈社会竞争下，自主学习能力培养，可以提高学生适应社会的能力，满足社会对人才的需求。利用历史教学培养学生自主学习能力，提高学生课堂学习效果，促使学生历史思维与综合素质提高。

1. 整合教学资源，激发学生自学兴趣

在历史教学中，对教材资源进行整合，拉近学生与教材知识的距离，激发学生自主学习的兴趣，为学生自学能力培养奠定基础。在学生生活中，有很多与历史有关的内容，如影视作品、历史纪念馆等。学生自主学习能力培养中，充分发挥学生身边历史素材的优势，利用此丰富教学内容，调动学生自主学习意识，使学生在学习中的主观能动性得到提高，体会到历史学习的趣味性。当学生对历史学习产生兴趣后，就会主动参与到历史学习中，从而有效解决学生自主学习意识不强的问题。

2. 布置问题，引导学生自主学习

在高中历史教学中，教师可以根据教学目标、教材内容及学生学习基础布置课堂学习任务，让学生在知识学习中形成自主学习能力与解决问题能力。提问教学是高中历史教师比较常用的教学手段，通过问题的设计，让学生产生探索学习欲望，并鼓励学生自主学习，解决问题，提高自主学习能力。问题探究教学中，应注意问题的启发性与应用价值，避免因为简单的问题，影响学生自主学习能力提升。

3. 自主学习习惯培养，提升学习能力

高中历史教学培养学生自主学习能力的过程中，需要通过教师的引导与帮助，使学生在潜移默化中形成自主学习能力。首先，利用课前预习活动培养学生自主预习习惯。在教学活动开展前，为学生布置预习任务，让学生在课前自主学习，收集资料，根据教材内容完成预习任务。导学案是提升学生自主学习能力的有效载体，教师可以设计导学案，提前发放给学生，让学生预习过程变得有针对性，为自主学习能力提升奠定基础。通过课前预习培养学生自主学习习惯，使学生更好地学习历史知识。其次，课堂自主学习。课堂是学生学习的主要场所，是教学活动开展的关键。在课堂教学中，教师可以根据学生预习学习情况，针对学生普遍存在的问题，让学生合作讨论，探究解决问题的方法，在合作中获得新的学习思路与方法，弥补自己学习中存在的不足，为自主学习提供依据。最后，课后复习。很多学生学习完新的知识以后，就直接进入下一课程内容的学习，并没有对前期学习内容进行复习巩固。为了让学生养成良好的自学习惯，教师可以在课后为学生布置学习任务，如知识总结、例题，让学生在课后自主学习，以此提升学生的自主学习能力。通过教师的指导，培养化学生学习习惯，促使学生学习能力形成。

总而言之，自主学习能力是学生必须具备的能力，对学生未来学习的影响非常大。历史教学中，注重学生兴趣培养，通过情景教学与自主学习意识培养，激发学生对自学的重视，并在实践中提升自主学习能力，以此提升学习能力，为接下来历史知识学习奠定基础。

二、高中历史教学中自主学习模式应用

（一）高中历史教学中自主学习模式的重要性

自主学习模式在高中历史教学中的应用，为教师提供了新的教学思路，辅助教师对自身的教学方法进行创新，提升了其历史教学效率。同时，学生采用自主学习模式对高中历史知识进行学习，既锻炼了自身的思维能力，也增强了自身的学习能力。在自主学习的过程中，学生通过对高中历史的分析、总结、归纳、整理，逐步形成了适合自身的学习方

法，提高了自身学习效率，从而提升了自身的历史学习成绩。

（二）高中历史教学中自主学习模式应用的方法

第一，创新历史教学观念，掌握自主学习模式。在高中历史教学中，教师首先应对自身的教学观念进行创新，转变传统的教学观念，认识到学生在历史教学中的主体地位；其次，教师应准确地把握自主学习模式的内涵，自主学习模式是指学生在学习过程中，充分发挥自身的学习自主性，通过对相应历史知识资料的收集整理，对历史学习内容进行分析、总结、归纳，从而完成对历史知识的学习。在这一过程中学生的自主学习能力得到了极大的锻炼，也帮助学生形成了正确的学习方法。因此教师应结合实际教学情况，在历史教学中应用自主学习模式。

第二，引导学生自主学习，丰富历史教学内容。教师在高中历史教学中应用自主学习模式帮助学生学习时，首先，应指导学生对自主学习模式形成一个清晰的认知，帮助学生掌握自主学习模式的学习流程，再指导学生进行历史学习；其次，在学生应用自主学习模式进行学习时，教师应尊重学生的主体地位，教师发挥自身的引导作用，帮助学生完成自主学习过程；最后，在学生应用自主学习模式过程中，应辅助学生制定相应的学习目标，让学生在学习过程中，具有明确的学习方向，同时指导学生利用学习资源帮助自身进行学习，提高学生的学习效率。

第三，构建历史评价机制，提升历史教学效率在高中历史教学中应用自主学习模式时，还应结合实际学习情况构建历史评价体系，在构建历史评价体系的过程中，教师应对学生的学习情况具有清晰的掌握，制定相应的评价体系，让学生可以依据评价体系对自身的学习过程进行科学、系统的评价，从而激发学生的学习积极性。同时教师在学生应用自主学习模式对历史知识进行学习的过程中，应充分发挥自身的引导作用，在学生的学习思路陷入瓶颈时，对学生加以引导，增强学生的学习效率。教师在这期间应注意对自身教学效率的提升，从而在教学中更好地帮助学生学习相应的历史知识。

综上所述，高中历史作为学生高中学习的重点科目之一，学生在学习时，面对历史知识中繁复的学习重点，极易失去学习兴趣，影响学生学习效率的提升。教师面对这种教学情况时，在历史教学中采用自主学习模式帮助学生提高自身的学习效率。教师指导学生掌握自主学习模式的具体内涵，让学生在学习历史中，充分发挥自身的学习自主性，应用自主学习模式对相关历史知识进行学习，从而提高自身的学习效率，帮助自身养成正确的学习方法。

第二节　高中历史课堂中创新性教学方法的应用

历史课程作为素质教育的重要内容，在高中教育阶段处于十分重要的地位，通过高中历史学习，帮助学生了解中国国情，培养学生爱国主义情怀。

传统教学模式下，历史课堂教学的内容多以教材为蓝本，而教材又由教育部专家编制而成，历史教师在教学实践中多采取传统的教学方式，大量的板书和宣讲不仅降低了学生学习历史的兴趣，致使课堂气氛沉闷，教学质量也受到影响，表现出单一性、封闭性，未能展现历史课程的趣味性、创新性。新形势下要重新创建高中历史教学结构，对教学内容进行创新是基本前提。

因此，这就要求历史教师在对教学内容进行创新时应注意两点：①从多角度剖析教学内容。传统教学模式下，一切教学活动都围绕应试进行，对教材与具体问题的分析上往往追求"标准答案"限制了学生思维发展，也有违教学规律。创新性历史教学重点突出历史课程教学的学科特点，着重培养学生综合分析能力。在教学内容的分析上，力求引导学生从多角度看待历史问题，注重学生思维能力发展。②突出教学内容的时代性。历史学科具有极强的时代性特色，已经发生的历史事实是无法改变的，但历史教学应用发展的眼光去解析教学内容，对同一历史问题，不同时代往往有不同解释，这既是历史学科的特点，也是历史教学的重要方法。新教材中的这些变化正是随着时代发展而逐步形成的新认识。"历史教师作为教学活动的引导者，有责任帮助学生发现历史资料中的新内涵，不断赋予历史以新的价值，体现其时代性"。①

新课标强调学生在课堂教学中的主体性，突出关注学生在学习历史过程中的情感体验。由此可见，只有创新，才能提高历史教学效果，通过转变教学模式，构建新型教学形式，教学效果显著。

第一，辩论式教学。对于学术界尚存争议的历史问题，宜采用辩论式教学。在开展辩论式教学时，应注意四个方面：①把握选题，辩论主题必须能够激发学生参与兴趣，有一定的研讨价值；②课前准备，引导辩论双方围绕主题分头查找资料，只有掌握了大量的历史材料，才能在课堂辩论中有充足的依据；③控制节奏，鉴于这一教学模式开放性考虑，实践过程中极易出现偏题甚至跑题的情况，教师应注意把握讨论节奏；④课堂总结，对辩论全过程进行总结，既包括论据整理、论述方式，也包括思考角度等，但通常不对主题下

---

① 范晓琴：《创新性教学方法在高中历史课堂中的应用》，载《时代教育》2014年第8期，第112页。

结论，而是指出辩论中的问题与闪光点，引导学生课后进一步深入思考。

第二，提问式教学。教师以当堂课教学内容为中心，通过设计适量难度适中、具有一定启发性的问题，营造出一种宽松、自由、探究式的教学氛围，提高教学效果。提问在历史教学中具有十分重要的作用。此外，只有在恰当的时间提出问题，才能引起学生注意力，激发学生学习兴趣，才能突出重点、突破难点。对于需要借助深入思考和合作讨论的问题，宜选用提问；对于较简单的问题，则不进行提问。针对部分教师在课堂提问中不注意为学生留足思考时间，导致提问失效的情况，教师在提问时应注意停顿，根据问题难易度为学生预留一定的思考时间，然后才邀请学生发言；在学生陈述观点的过程中，教师应耐心倾听，不宜插话打断，通过肢体语言和眼神鼓励学生大胆表达，并适时对学生见解进行追问，增加学生的表达机会；最后对积极思考、踊跃发言的学生给予一定奖励，帮助学生树立自信心，调动全体学生的积极性。此外，还应注意把握课堂节奏，不能因为提问打乱教学计划，有条不紊地开展课堂教学。

综上所述，《普通高中历史课程标准》（2017年版2020年修订）中指出："面对经济、科技的迅猛发展和社会生活的深刻变化，面对新时代社会主要矛盾的转化，面对新时代对提高全体国民素质和人才培养质量的新要求，面对我国高中阶段教育基本普及的新形势，普通高中课程方案和课程标准实验稿还有一些不相适应和亟待改进之处。"因此，通过历史课程的学习，使学生了解人类社会发展的基本脉络，继承优秀的文化遗产，总结历史经验，学习从历史的角度去了解和思考人与人、人与社会、人与自然的关系，进而关注全人类的历史命运，由此可见，高中历史教学承担着引导学生形成科学的思维方式和正确的思想观念的重要任务，新形势下创新性历史教学具有十分重要的现实意义和战略意义。

第三节　高中历史教学引入心理史学及其范式的实践

一、高中历史教学引入心理史学的方法

（一）高中历史教学引入心理史学方法的重要意义

心理史学作为一种史学理论方法，不仅拓宽了历史研究的深度和广度，其被引入历史教学中，也具有一定的理论与实践意义。以下结合阅读相关文献的启示以及个人教学经历，对此略做阐释。

第一，有助于推动高中教学方式改革，弥补心理史学运用的不足。由于传统史学观念

乃至认知的偏差，使得国内对于心理史学探究和运用较晚，故而对于心理史学相关理论认知和运用尚不普遍，以至于在高中历史教学中很少涉及心理史学方法的运用。然而随着新课程改革的推进，传统的教学方式必然面临着挑战，要求高中教师自身推动教学方式的改革，引入新的教学理论和方法。而心理史学作为一种新的方法和理论，已然成为历史研究新的途径，故而面临教学改革的我们可以适时接受心理史学方法，并将其运用到高中历史教学中去，既可以推动教学方式的革新，也可以在教学实践中完善心理史学。

第二，有助于深化历史学科社会功能的发挥。心理史学以其独特的理论和方法，将研究的视角从外在的环境深入到研究对象的心理，这不仅使我们更加深入研究主体发展轨迹转变的原因，也能够知道其涉及的突发事件、偶然因素等对研究主体本来轨迹影响，从而使人物立体化，避免了传统教学中对历史人物研究的脸谱化和简单化的现象，增加历史教学的生动性和通俗性，使之更加贴近学生，可以从他们身上学到做人做事的道理，甚至可以将其付诸实践生活，从而发挥历史学科对学生的教育功能。

第三，有助于培养学生的健全人格和健康心理素质。《普通高中历史课程标准》中提及：中学历史课程应该帮助学生"认识并弘扬以爱国主义为核心的民族精神和以改革创新为核心的时代精神，具有广阔的国际视野，树立正确的世界观、人生观和价值观，为未来的学习、工作与生活打下基础"。然而现在的高中学生往往个性很强，以自我为中心。故而可以通过历史人物立体化的讲评，使学生和历史人物达到情感上的共鸣，拥有共同的经历，感同身受，在潜移默化之间完成自身三观的建构。

第四，丰富历史教学内容，强化学生对历史学习的兴趣。高中学生之所以不喜欢历史很大程度上是因为历史课堂无法引起学生对历史的兴趣。毕竟传统的历史教学中，往往以背景（原因）、经过和意义（影响）三个维度加以阐释历史，尽管可以全面客观反映历史，但是也容易给学生造成视觉疲劳，以为历史就是这三个维度构成的，形成一种平面化的解读，不利于历史思维的培养和深化；甚至会将历史简单化和脸谱化，失去历史本身的趣味性，无法满足学生对历史认知的要求。因此，在传统讲评的基础上，适当深入研究主体的内心，将内心活动和外在环境相结合，使历史人物愈加丰满，让学生感受这些历史人物背后的精神来推动自己精神世界的构建，也可以丰富和补充历史知识，从而激发学生学习历史的兴趣。

第五，可以深化历史认知，培养学生历史核心素养。随着社会和时代的发展，新修订的《普通高中历史课程标准》突出对学生历史核心素养的培养，其为唯物史观、时空观念、史料实证、历史解释、家国情怀五个方面。然而这一核心素养的培养单靠传统的教学方式是无法完成的，必须要求教学者结合时代的要求，与时俱进，改革自身的教学理念和方法，故而可以适时引入心理史学方法。毕竟"运用心理分析，把握人物活动时的心理状态，可以更深刻地说明人物的行为，可以丰富历史人物的研究和评价"①。

此外，学习历史应先学习历史人物参与的历史事实，这是必要的前提。因而为了更好地解读和分析历史，我们需要对历史人物内心世界进行认知，毕竟历史活动是以"人"为核心展开的。所以历史学习不仅包括经济和思想等方面，还应该包括历史主体的内心活动，故而心理史学的引入，可以使历史呈现立体化的趋势，帮助学生构建时空观念；同时心理史学作为一种新的历史研究方法和理论，既拓宽了历史研究的领域，也丰富了历史研究的材料，为史料实证提供了大量可以选取的资料，也必然可以深化学生对于历史走向和发展的解读，培养自身史料实证和历史理解能力。而且关注历史人物的心理活动，体现对人本身的重视，也有利于帮助学生形成以人为本的理念，完全符合家国情怀的要求。

（二）高中历史教学引入心理史学方法的可行性分析

既然心理史学本身具备的缺陷和教学实际中的困难，造成了心理史学方法在高中历史教学中运用的缺失，那么随着心理史学自身的发展乃至时代的变迁，高中历史教学引入心理史学范式会不会成为普遍的现象，答案无疑是肯定的。以下将基于文献阅读和教学改革等方面解读心理史学运用的可行性。

1. 运用心理史学范式是顺应新高考改革的要求

在当前高中教学中，高考无疑是最重要的参考因素，甚至是决定性的因素。随着时代的发展，新高考改革成为大势所趋，新高考注重学生的全面发展和终身发展，这就要求教师改变传统教育理念，既要着眼于学生高中期间的学习，也要注意其人生规划。然而基于高中生本身的性格特点，往往以自我为中心，忽视外在的引导，可能会对教师的语言引导产生抵触，在这样的情况，高中历史教学运用心理史学范式显得尤为必要。毕竟学生往往会对历史人物产生好奇，所以教师可以通过心理史学范式解读人物，引领学生深入人物的内心，达到情感上的共鸣，有助于引导学生对人生的规划和设计。

2. 心理史学研究的新变化利于心理史学范式运用

任何事物都是在不断发展的基础上予以完善的，心理史学也不例外，其借助时代的发展呈现出新的变化，这些变化推动了心理史学自我发展和完善，从而为其在高中历史教学中的运用奠定坚实的基础。

第一，史料来源的拓展。随着信息技术的发展，心理史学研究史料途径得以拓宽，使得大量历史文献资料可以通过电子文档和数据库的手段予以呈现，研究者可以轻松查阅到丰富的史料，充实自身的研究和教学内容，除此之外，通过互联网随时可以下载各种蕴含

---

① 李振宏等：《历史学的理论与方法》，河南大学出版社 2008 年版，第 557 页。

丰富心理学信息的文献资料，如演讲稿、访谈录、商业信息、传记、账目报表、统计报表或各种新闻报道等。在一定程度上缓解了原本心理史学研究史料不足的问题，也推进了心理史学本身的研究，可以为高中历史教学提供丰富史学资源。

第二，研究方法的引入和理论的综合分析。随着时代的发展，心理史学深入到各个人文学科，充分吸取各个学科研究优势，强化了心理学和历史学之间的联系，并且借助新的统计方法与统计建模技术，如时间系列分析、多层线性模型、结构方程模型等，逐步构建自己的理论体系和方法路径，形成一定程度上的学术标准，尽管无法完全弥合各个学派之间的差异，但是这种趋势会随着时代和社会的发展而得以强化，无形之中凸显了心理史学范式主导的历史结论。

综上所述，尽管心理史学范式依然存在着一些不足，但是随着其与其他人文学科的不断交流，使其在理论和方法上逐步完善，能够为高中教学设计所借鉴。

二、高中历史教学引入心理史学范式的实践

心理史学作为现在颇受学者关注的学科之一，不仅对历史研究本身有着深远的影响，而且也在一定程度上影响着高中历史教学的方方面面，为了更好地运用心理史学范式，推进教学方式的变革，从而顺应当前教育改革的要求，促进学生的全面发展和终身发展，完成高中历史教学的目标。下面以人教版高中历史选修四《中外历史人物评说》为例，在文献阅读、教师访谈以及个人教学经历的基础上，深化心理史学范式的运用研究，概括高中历史教学引入心理史学范式的原则和策略。

（一）高中历史教学引入心理史学范式实践的原则

在高中历史课堂的教学中，教学方法主要是由教师来选择和运用的。故而心理史学范式在高中历史教学的运用，实际上是教师教学方法的补充和发展，有利于历史人物的立体化，增强学生的情感认知，完成教学目标。然而方法的运用效果很大程度上取决于教师运用情况，故而教师应当根据教学实际，遵循以下原则：

1. 坚持唯物史观的指导

心理史学溯源于弗洛伊德的精神分析学说，然而精神分析学说是源于心理学家论证的需要，因而在展开研究的过程中没有将历史学专业最基本的原则放在首位，其理论的基础就有严重的唯心主义倾向。尽管随着其本身的发展，利用丰富的史学资料，借助多种学科的方法和手段，逐步形成了自己的学术规范，然而却无法从根本上割裂其与精神分析学说的联系。在这样的情况下，高中教学在运用心理史学方法分析历史人物的时候，应该遵循唯物史观的相关要求，既要立足于心理史学研究范畴本身，注重研究主体内心活动，又要

将其生活经历置于其所处的社会和群体的生产生活状况中予以考察，综合分析，才能科学概述其成长历程。

2. 选取资料的真实性

心理史学侧重分析研究对象的内心活动，进而得出其发展演变的原因和规律，一般而言会用到运用反映历史人物内心活动的资料，如论著、笔记、回忆、日记、书信等。然而这类史料具有一定私密性，难以收集；同时反映历史上的人及其心理活动的相关史料本身的真实性是存在疑问的，会严重影响研究者对结论的论证。故而教师在选择资料时，应该选取经过学者们所考证的材料，以确保材料的真实性，只有材料真实，所得到的结论会有信服度。

3. 内容结合的联系性

心理史学范式在历史教学中的运用，最终的目的是实现教育目标，帮助学生理解和分析历史人物，从而达到情感上的共鸣。如果在历史课堂上运用心理史学方法只是单纯为了吸引学生的注意力，让学生觉得好看好玩，那么就不达到教学的效果。所以教师在选用心理史学方法来解读理解人物时，要结合当前学术界运用的现状，看得出的结论是否与本节课程的教学内容相同或一致，毕竟心理史学方法是一种教学方式，是为教学设计所服务的，决不能越俎代庖成为主导。

4. 心理分析的历时性

人不可能一成不变，故而历史人物内心活动会随着自身因素和环境变化而发生改变，所以我们在分析历史人物心理变化时，既要侧重于其童年时期的心理演进历程，这本来就是心理史学研究的重点时期，也要综合分析其青年、晚年等心理变化，找到其内心活动的变化表现，从而分析和理解历史人物内心活动对其行为和历史进程的影响。

5. 选择运用的适度性

每一种方法和手段都有其运用的范围，倘若不顾实际而盲目使用某一种或某几种方法，不但不能达到教学的实际效果反而会适得其反，影响教学进度。心理史学方法运用也是如此，而且其运用于历史研究具有局限性，因此要遵循运用适度性的原则，教师应该在课前准备阶段结合教学内容充分考虑是否有必要运用心理史学方法，以及使用心理史学范式的教学效果。在确认运用心理史学范式的必要性以及预期效果良好的情况下，方可运用心理史学范式。只有这样，才能既遵循本来的教学设计，完成教学任务，又因为适用而充分发挥心理史学的作用，从而推动心理史学范式在高中历史教学运用的实践研究。

6. 结论分析的综合性

心理史学本身具有唯心主义倾向，它往往把人生物化，只重视人的自然特征——心理的生理基础，却忽视了人的社会特性——心理的社会基础，这使一些心理史学家往往夸大了人的主观能动性，而忽视了社会物质生产和社会组织发展对个人发展的影响而陷入一种唯心主义窠臼。而且受到心理学理论的影响，学者在研究历史主体心理的时候，往往会出现以理论模式去套史实的现象，无形之中割裂了史实与史论的关系。而历史学家的任务就是把史料中所包含的信息分成两部分：一部分是历史情势的客观反映；另一部分是史料的作者对该情势的诠解。所以既要着眼于研究主体本身内心的变化轨迹，也要将其置于宏观的社会背景，即在坚持传统教学的基础上，将社会因素和心理因素综合分析，从而引导学生学习和发展。

当然，心理史学范式作为一种新的历史研究方法，其本身的特点和教学的实际必然要求教师在运用时遵循一定的原则，如坚持唯物史观的指导、选取资料的真实性等原则之外，还应该根据教师的教学特点和实际，归纳出符合自己的运用原则，达到具体问题具体分析的效果，如此才能真正推进教学方式的革新，满足高中教学发展的要求。

（二）高中历史教学引入心理史学范式的实践策略

教学方法的发展和完善最根本的目的是服务于教学实际，帮助教师完成教学目标，故而心理史学方法作为一种历史研究和教学方法，其具有丰富历史研究视野、拓宽历史研究领域，并且有利于人物研究的立体化，引发学生情感共鸣的效果，更应该付诸历史教学实际，从而推动历史教学的发展。本书基于文献阅读和个人教学经历，拟从准备阶段、实施阶段及反馈阶段三个维度解读和分析高中历史教学引入心理史学范式的实践策略，从而为一线教师运用心理史学方法提供借鉴。

1. 高中历史教学引入心理史学范式实践的准备策略

（1）基于教学实施的理论认知。教师在教授学生某方面知识时，教师应该对这部分知识有充分的认知和解读，如此才能更好地帮助学生理解和运用。所以为了更好地运用心理史学范式，教师应当进行相应的理论学习。"教师可以通过相关的研究综述了解心理史学发展脉络和阶段特征，并且可以通过对经典著作的阅读了解其观点、运用的原则以及一些研究成果，也可以通过相关学术论文知晓当前研究的热点和最新理论成果，将其运用到教学实际中去"。[1] 同时，也可以跟学校有相关运用经验的教师进行教学研讨，学习其运用经验和注意的问题。总而言之，教师应该充分利用自己拥有的资源和途径，全方位了解心理史学的相关理论和方法，从而将其运用到实际教学中。

（2）基于教学目标的方式评估。心理史学方法具有一定的局限，不可能适用于高中历史教学的所有环节，故而教师在确定使用心理史学方法引导学生对历史人物进行探究之

---

① 余根：《高中历史教学引入心理史学范式的实践研究》，载《西南大学（2020 年版）》，第 20 页。

前，应该根据教学目标做好教学方案的评估。只有确定心理史学方法符合教学目标的要求，才能更好地运用该方法为教学服务。如何确定心理史学方法的运用有助于教学实施，首先，也是最为重要的是，心理史学范式是否契合本课教学目标，即本课教学过程是否有必要运用该方法，这不仅仅是心理史学范式运用前的思考，也是其他教学方式运用的考虑。其次，在确定本课教学有必要使用心理史学方法的前提下，以教学预测的方式预测其使用效果如何，倘若效果不好或效果比较小的话，则不必要使用；反之，则可以充分运用。最后，基于教学准确性的分析，教师需要通过各种途径和手段确认本课教学人物在心理史学研究上的成果，看其研究资料是否丰富，看其研究结论是否有争议，看其研究内容是否契合本课教学内容等，以便更好地实施教学。

（3）基于教学内容的资料收集。史料是历史研究的根基，决定历史研究的深度和广度，故而无论何种研究方法都不可能摆脱史料而单独存在，心理史学也不例外。所以高中教师在运用心理史学方法进行教学的时候，必须进行史料收集，不单单只是运用相关研究成果。而关于史料收集的原则，为了更好地运用相关方法实施教学，在确保史料真实性的前提下，教师必须做好以下方面：

第一，资料收集的选择性。随着时代和学术的发展，关于某个历史事件或人物，往往有很多结论和史料，给使用者造成了很大的困扰。所以，教师在选取史料的时候，应该结合教学内容加以选取，而不是仅仅为了活跃课堂气氛。

第二，资料收集的通俗性。高中生理性分析思维得到了很好的发展，但是基于认知水平，其往往对于一些晦涩难懂的史料很排斥。所以教师在选择资料的时候，应尽量选取一些学生易懂的史料，或者容易引起学生兴趣的史料，从而激发学生的学习兴趣。

第三，资料收集的典型性。史料既是历史研究的基石，也是历史研究的精彩之处，可以帮助研究者全方位、身临其境地了解研究对象，从而引发研究者与研究对象之间的共鸣。故而教师在使用心理史学方法研究或教学时，应该尽可能地收集相关资料，并且根据教学的相关原理，选择其中比较典型的材料构架教学资料，帮助学生全方位地了解研究对象。

当然，不同的教学环境、不同的教学设计导致使用同一种教学方法具有一定的差异性，故而教师应该根据具体的教学想法来进行资料的收集，从而推动教学的实施。

（4）基于学生学情的教学设计。教师是教学的引导者，通过教学设计来引导学生进行学习和思考，从而达到教学的目标。而教学设计一个很重要的原则是参考学生的实际情况，以学情为根基来进行教学，毕竟只研究教学目标及教学内容，或者只研究课程标准及教材都是不行的，因为教学是一个动态的过程。所以教师在确认使用心理史学方法进行教学设计时，应当基于学生学习情况分析，掌握学生以往知识体系的建构情况、学生学习状况、可能发展的方向和将来知识理论的运用情况。同时教师也应该根据学生的反映适时调整教学方法，不要拘泥于该方法所固有的规范和模式，一切以教学实施为重要原则。

2. 高中历史教学引入心理史学方法实践的实施策略

教学方法的运用、教学设计的优化及教学策略的调整归根结底都是为了推动教学的具体实施，所以在准备工作完成以后，教师应该结合教学实际，将心理史学方法运用到教学中，并且在运用中查找不足和缺陷，从而在以后的教学中予以完善，推动教学研究不断和发展。

（1）以人物常规教学为探究基础。心理史学方法是自觉、不自觉地运用心理学或心理学的理论和方法对历史上人们心理的发掘、描述和解释，从而对各种历史现象做出解释的一种史学方法。然而其作为一种多元化领域的学科，既要掌握历史研究的相关方法，了解历史人物所生存的物质环境；也要掌握心理学的相关方法，如此才能更好地分析其内在心理活动，研究其人生轨迹变化的趋势和原因。所以要想将其运用到高中历史教学中，必须使学生初步了解历史人物的生平，具备一定的知识基础，从而才能在教师的引导下对研究对象进行心理分析，完成教学目标，这需要教师进行人物的常规教学。

首先，教师应该引导学生根据课本知识、史料及教师的讲述，了解历史人物所生存的时期、其功过及后人的相关评价等，从而大体了解该历史人物。其次，应该着眼于历史人物所生存的时代特征，从而将历史人物置身于时代的大背景下进行评价，看其是否顺应历史潮流，是否有利于历史的发展，力求准确和客观评价历史人物。只有了解了历史人物的生平功过，才能为研究和分析其历史人物的行为做好相应的史实基础，才能从其行为中找到需要心理史学方法分析的地方，从而激发学生学习历史的兴趣。

（2）以教学目标设计探究内容。教学活动以教学目标为导向，且始终围绕实现教学目标而进行。所以教师在运用心理史学方法探究相关问题时，应该充分契合教学目标的设计来设计探究内容，从而发挥该方法的优势，帮助教师完成教学。

（3）以认知水平设计探究方式。教学活动最终落脚点在学生身上，故而教学效果如何很大程度上取决于学生掌握的掌握情况，任何教学方法的使用都应该立足于学生的认知水平加以运用，凸显学生的主体地位，强化其内在学习的动力，才能更好发挥教学方法的优势。所以根据教学经历将学生对历史上万物的认知水平大致分为三个阶层，并且根据不同的阶段，采用不同的探究方法，以使人物教学更有立体感。

第一阶层：学生对历史人物不熟悉，甚至通过常规教学以后，仍然比较陌生的情况。这种情况下的历史人物往往比较生僻，即使有学生知道，也知道得不多，很难通过材料分析的形式强化人物的立体感，在这样的情况下，教师可以通过历史话剧表演的形式来促进学生的认知。具体而言，就是通过教师将历史人物相关材料演变成为话剧的剧本，并且安排班上对该人物认知程度较高的学生来参与表演，模拟人物生活的场景，展示其生平的功过是非，将人物鲜活地展现在同学面前。而教师将问题答案内化在参演话剧的同学言行中去，让学生自主去观察、去发现、去总结的过程。在这个过程中，教师更多地淡化其言语的引导，而通过将历史人物行为演变的解释转化为参演语言，充分激发学生的兴趣，引导学生自主去解读问题的能力，也在一定程度上将人物立体化、感性化。

第二层次：学生熟悉但是了解得不全面。这种现象较多，学生对历史人物还是比较感兴趣的，但是基于认知水平的限制，学生无法全面地了解和分析历史人物。基于这样的层次，教师可以采用角色扮演的形式加以阐释和分析，历史课堂的角色扮演法是指教师通过模拟类似具体的历史情境，去重现历史场景，学生相应地扮演其中的某位历史角色，通过想象自身处在当时历史环境中来体验和感受历史人物的内心活动，来达到情绪上的共鸣。该方法与上文所提及的话剧表演的方法有相同之处，都是通过学生参与来进行人物解读的，但是角色扮演的学生参与度比话剧表演大。角色扮演的一般骤为："选择主题，确定基本构思，建立要模拟的历史情境；与学生一起讨论剧本和角色分配，帮助学生对每个角色的表演进行准备，如相关材料，编写剧本等；学生上台表演；围绕情境进行探究；教师总结"。① 从中可以看出，相对话剧表演而言，角色扮演是师生共同参与完成主题的制定和剧本的书写、演绎，会使课堂变得活跃，激发学生学习的主体性。更重要的是，身临其境的扮演可以直观模拟历史人物生活的场景和感知历史人物在当时的心理活动，并联系当时的社会环境探究其行为演变的原因，从而全方位感知历史人物。

例如，在讲评人教版高中历史选修 4 专题第一课"千秋功过秦始皇"时，由于必修曾经涉及过，所以学生对秦始皇的印象比较深，但了解不是很全面，尤其是对郡县制和分封制大讨论存在疑惑，故而可以通过角色扮演的方式加以解惑。教师可选取三个同学分别扮演秦始皇、丞相王绾、太尉李斯三个历史人物，并且给三名学生讲解当时谈论的社会背景，即秦灭六国完成统一、建立专制主义中央集权的背景；谈论的场景是朝堂上，故而辩论的语言应该比较规范和契合人物身份；谈论的主题是如何治理地方，丞相绾主张实行分封制，其言："诸侯初破，燕、齐、荆地远，不为置王，毋以填之。请立诸子，唯上幸许。"② 而李斯主张郡县制，其言："今海内赖陛下神灵一统，皆为郡县。诸子功臣以公赋税重赏赐之，甚易制。天下无异意，则安宁之术也。置诸侯不便。"③ 教师基于《史记》的记载，可以充分查找当时或后世之人关于这一谈论的解读材料，以供学生参考。学生基

① 朱汉国等：《新编历史教学论》，华东师范大学出版社 2008 年版，第 97 页。
② 司马迁：《史记》，中华书局 2011 年版，第 44 页。
③ 司马迁：《史记》，中华书局 2011 年版，第 44 页。

于相应的材料，设计角色扮演的具体过程，并在教师的引导下课下排练，课上表演，让学生真切感知当时谈论的场景，谈论人物的内心变化，从而探究秦始皇选择郡县制的原因是基于加强中央集权的需要以及秦始皇本人专制性格所致。

第三层次：学生相当熟悉且了解方面比较全。这种情况也比较常见，毕竟历史相对其他学科而言，从初中到高中更多是深度延展，而非广度的拓宽，更具一定的重复性，故而学生对一些历史人物认识比较透彻。在这样的情况下，因为学生有了深切的感知，教师只需要加以引导即可，可以通过史料研读和自主探究的形式加以解读。

3. 高中历史教学引入心理史学方法实践的反馈策略

控制论的创始人维纳曾说过："一个有效的行为必须通过某种反馈过程来取得信息，从而了解目的是否已经达到。"[①] 这种理念亦可引申到实际教学中，毕竟现在的教学既要为学生传授相应的理论知识和必备技能，又要发展学生的能力和智力，从而培养学生较好的身心素养和完善的人格修养。然而要实现这样的教学目标，教师就不能单单靠按部就班的教学实施来完成，毕竟学生不是一成不变且个性突出，故而教师需要通过教学反馈的形式，反思教学过程中学生的真实掌握情况和教学的优缺点，以便后期改正教学，从而推动个人教学发展和引导学生成长。

（1）教学主体的反馈——以学生作业设计为例。高中历史教学引入心理史学方法的意义是丰富历史教学内容，强化学生对历史学习的兴趣，深化学生对历史的认知，以使其与历史人物达到情感共鸣，进而完成自身身份建构的效果。倘若要评价和深化高中历史教学运用心理史学方法的教学效果，就必须从学生入手进行教学反馈。而作业是促进学生自主学习和探究的重要手段，也是学生自我反思、巩固提升并且深化认知的重要步骤。当然教师也可以通过作业来掌握学生的学习情况、评估教学效果、进行教学反思和后期教学调整，从而推进心理史学方法在高中历史教学运用效果和研究的深化。为了更好得到教学效果的反馈，完善后期教学设计，教师在作业设计中要注意以下两个方面：

第一，选取并设计典型性历史作业。随着信息技术的发展，历史作业的题目越来越多，题型越加丰富，故而只有选择和设计典型性的例题才能真正达到既可以检测学生学习情况和巩固学习成果，又能激发学生探究新知识的热情。因此，教师在设计作业时，应当仔细研读历史课程标准，并且依据历史学科特点以及学科核心素养和心理史学方法，围绕本课教学内容，从大量习题中选择具有典型性且具有心理史学特征的习题，数量不必过多，切合学生实际。这样做，避免学生在"题海"中漫游，既可以减少作业负担，又可以激发学生的兴趣，从而检测出学生真实学习效果，为今后心理史学方法的运用提供理论

---

① 邵瑞珍等：《中学百科全书·教育学·心理学卷》，华东师范大学出版社1994年版，第13页。

借鉴。

第二，针对不同层次设计不同的例题。如果高中历史作业针对性差，缺乏分层设计的理念，对所有学生一视同仁，完全不考虑学生之间的差异，那么会导致学生对历史学习缺乏积极性和主动性，不利于心理史学方法在高中历史课堂中的运用。故而教师应根据学生对历史人物认知水平的不同而设置不同层次的题目，从而真正反映出教学效果。

根据分层设计理念，在班级统一授课的前提下，根据学生对历史人物认知水平的不同，把学生分成 A、B、C 三类，且布置不同层次的作业，以达到不同的效果。A 类学生对于历史人物的认知程度比较高，且具备一定的思考能力，可布置探究该人物另一行为变化原因的习题，以培训其运用心理史学方法的能力和思维，从而强化其历史理解和思考能力；而 B 类学生能够知晓历史人物的生平但是缺失一定的思考能力，可布置梳理该历史人物生平大事记，且找到大事之间的联系和转折点，尝试说明转折的原因和意义，从而进一步深化其对历史人物的解读和认知。

总而言之，教师在完成教学以后，应当从学生入手，通过访谈或作业的形式进行实时反馈，以了解学生的掌握情况，为教师自我反思提供素材，也为教师后期有效运用提供部分学情分析。

（2）教学主导的反馈——以教师自我反思为例。在社会快速发展的今天，教师群体和教育工作者成为教育科学发展的主力军。所以教师应当抛弃以往的教学理念，要从被动传授知识的"教书匠"过渡到自主能动并且给以学生思考的"教育家"，且要有足够的反思意识。同时，心理史学方法作为一种新的教学方法，其引入时间不长和运用相对不成熟，必然会在教学实施中出现很多问题，而这些问题也必然会阻碍该方法在高中历史教学的运用实践和研究，故而教师必须通过教学反思的形式对教学中遇到的问题加以梳理和分析，进而提出对策，从而解决问题，以推动高中历史教学引入心理史学方法的实践研究。

第一，教学反思的内容涉及面广，包括教学前的反思、教学中的反思和教学后的反思等。而基于行文的要求，将侧重于教学后反思的阐释，其包括对教学的整个过程的回顾如课堂教学中教学技能的运用、教学语言的表述、教学内容的呈现、教学效果的检评、教学的成功和失败之处、教学理念的贯穿等，尤其是对心理史学方法运用的教学效果如何，学生参与度和兴趣如何，运用该方法成功和失败的地方，将如何改进等。只有通过认真反思，高中历史教师才能更好地找到自身运用中存在的问题，从而加以解决。

第二，就反思方法而言，主要有三种，即教学笔记、文献研究和行动研究等。其中教学笔记是指教师对教学活动过程进行总结性回顾分析并记录而成的笔记，这是最为直接和及时的。教师可以就上文提到的反思内容为主体，并且加上自己思考的对策，而完成教学笔记；文献研究则指教师通过对教育教学文献的学习以思考自身教学的优缺点，而且通过认真学习教育教学文献能帮助教师更好、更快地接触到新的知识，扫除教学中存在的盲点，弥补自身专业知识的不足，集大家之所长，以完善教学活动；行动研究是一种由教师在现实教学活动中自主进行的反思性教学探索，同时以解决教学活动中产生的实际问题为目的，强调自我反思和教学活动的一致性，从而使教师从教学过程中尝试和解决问题的方法。

总而言之，教学反馈是教学活动中重要的环节，可以通过学生反馈和教师反思两种形式，了解课堂教学运用心理史学范式的实质效果，从而帮助教师认识心理史学范式运用中存在的优势和不足，并且针对问题构思解决方案，以推动高中历史教学引入心理史学范式的实践研究，从而实现历史教育的价值。

第四节　高中历史教学中历史材料的运用实践

高中学生背负着沉重的学业压力，往往将学习重点放在了语文、数学、外语上，而极易忽视高中历史学科的重要意义。在这种情况下，高中学生的历史成绩难以提升，长此以往将会对历史学科产生厌烦心理。作为历史教师，要通过适宜的教学方法吸引学生注意力，通过充分的历史材料应用，构建生动有趣的历史课堂，帮助学生快速掌握大量历史知识，达到事半功倍的教学效果。

一、高中历史教学中历史材料运用的意义

第一，调动学生学科兴趣。历史材料是高中历史课程的内容来源，且在历史材料中包含了丰富的历史事件、人物故事等，在高中历史课程教学中，通过对这些资料进行科学合理的应用，可以有效激发学生探索历史学科的热情。除此之外，对于一些历史上的真实事件，历史材料上都进行了生动、形象的反映，而历史教材则会根据教学目标以及实际情况进行删减，使历史知识显得抽象，无法调动学生积极性。而在教学过程中，教师有意识地在各个环节进行历史材料渗透，可以帮助学生对历史事实了解更完整、更系统，使学生对教学材料有更全面的了解，增强了历史教学的吸引力。

第二，提高学生的判断能力及材料解析能力。在高中历史教学中，教师通过有针对性、目的性的历史材料选择与应用，引导学生进行小组讨论过程，使学生在历史材料分析过程中得到判断能力以及材料解析能力的提升。例如在进行辛亥革命的历史评价这一方面的历史材料讨论过程中，教材中对于辛亥革命的意义具有一定的肯定性，但同时也指出了革命的局限性。不同的学生从不同角度着手分析得出了两种观点：一是应当充分肯定辛亥

革命的历史意义，它是一场成功的资产阶级革命；二是辛亥革命没有完成资产阶级民主革命任务。结合历史材料，学生可以对这些观点进行分析与讨论，最后进行总结，科学评价革命的意义。在这一过程中，学生的判断能力和解析能力得到了发展，对学生历史成绩提升及个人能力成长具有非常积极的意义。

二、高中历史教学中历史材料的运用策略

（一）运用历史材料巧妙设疑

历史材料中丰富的事件和情节可以快速勾起高中学生的好奇心，通过对高中学生强烈探究欲望这一心理因素进行运用，巧妙设疑，可以拉近学生与学科之间的距离，使学生快速融入学科教学中，提升教学效率。在历史教学中，教师可以为学生设置一个悬念，如在讲解我国近代历史时，如果在课堂一开始，教师就向学生进行条约及内容的讲解，学生不仅无法提起学习兴趣，也无法对这些内容进行全面掌握。而通过问题的设计、适当的历史材料展示，可以快速激发学生的好奇心，使其带着问题去探究历史。

在设计这一问题时，教师可以向学生展示相应的历史材料，如《辛丑条约》签订时的历史图片、条约文本，然后结合这些材料向学生进行讲解。在此基础上，还可以提出问题，如为何这一份条约材料就可以对中国的社会现状进行证明，通过引导学生对这些问题进行分析，使学生了解这些条约签订的意义，成功将学生的注意力集中，在提问与解答问题过程中全神贯注地进行思考，有效提升学习的效率。

（二）在课堂中适当穿插历史材料

在高中历史课堂教学中，适当的历史材料穿插可以避免学生在课堂中出现走神现象，保持学生高度的思维活跃度，同时也使学生学习的氛围更加活跃。在高中历史教学中，唐、宋、明、清等历史是我国古代历史上的重要瑰宝，同时也是历史课程的学习内容，为了帮助学生更好地掌握这些思想文化，并对唐宋与明清的差异进行区别，教师可以通过历史材料的适当穿插，帮助学生认识到不同时期的历史情境。例如，《清明上河图》的应用，可以帮助学生认识到北宋京城汴梁及汴河两岸的繁华和热闹的景象，通过对这些特定历史材料的解读，学生将对历史知识有更深刻的掌握。

（三）运用历史材料进行历史项目研究

借助丰富的历史材料，教师可以开展一些历史专题课程报告活动，引导学生在课程报告的教学形式中更好地展现事实、阐述观点。课程报告活动可以通过分组讨论形式进行，

要求学生自觉前往图书馆、运用网络进行相关历史材料查询，并制订出详细的课堂报告方案。在查阅历史、收集资料的过程中，高中学生的综合素质得到了系统的提升。在活动过程中，教师需要指导学生如何寻找有效的历史材料，并且从经济、文化等多个角度对历史材料进行分析，使学生从多个角度了解高中历史知识，在持续学习中，更好掌握历史知识，提升综合能力。

总而言之，在高中历史教学中使用合理的历史材料不仅可以有效提升课堂教学效率，提高学生的历史成绩，同时学生综合素质也能得到不同程度的提高。高中历史教师要根据学生的学习兴趣及学习能力，通过引用合理的历史材料，并最大限度地发挥历史材料的教学作用，从而使高中历史课堂成为学生学习历史知识的主阵地。

参考文献

［1］ 蔡春. 高中历史教学中时空观念的培养 ［D］. 扬州：扬州大学，2017：11.

［2］ 曾鹏飞. 高中历史教学中的中华文化认同教育探究 ［J］. 内蒙古师范大学学报（教育科学版），2017，30（3）：153-155.

［3］ 陈建华. 历史材料在高中历史教学中的运用分析 ［J］. 新教育时代电子杂志（教师版），2017（29）：116.

［4］ 陈韶月. 高中历史教学中情感教育的研究 ［D］. 武汉：华中师范大学，2015：5-8.

［5］ 褚文平. 浅析高中历史教学的特点与方法 ［J］. 中学课程辅导（教师通讯），2018（1）：92.

［6］ 崔晓钰. 中学历史教学中的美育研究 ［D］. 济南：山东师范大学，2020：11.

［7］ 范晓琴. 创新性教学方法在高中历史课堂中的应用 ［J］. 时代教育，2014（8）：112.

［8］ 朱宝利. 历史材料在高中历史教学中的运用方法探析 ［J］. 天天爱科学（教学研究），2019（3）：84-85.

［9］ 张中华. 任务驱动教学法在高中历史课堂中的应用 ［D］. 大连：辽宁师范大学，2011：6-14.

［10］ 海燕. 新课标下高中历史课堂教学的有效性新探 ［J］. 文理导航（上旬），2021（9）：56-57.

［11］ 蓝海丹. 高中历史开放式教学模式的构建 ［J］. 广西民族师范学院学报，2012，29（1）：134.

［12］ 李玉彬. 新课改理念下高中历史教学中德育渗透的路径探讨 ［J］. 现代教育科学，2017（7）：39-42.

［13］ 李振宏，刘克辉. 历史学的理论与方法 ［M］. 开封：河南大学出版社，2008.

［14］ 刘向阳. 高中历史教学中家国情怀素养的培养策略探析 ［J］. 教学与管理（理论版），2019（11）：108-110.

［15］ 刘洋，陈浩. 高中历史教学方法研究 ［M］. 呼和浩特：远方出版社，2005.

［16］马振刚. 自主学习模式在高中历史教学中的运用研究［J］. 考试周刊，2017（91）：141.

［17］邵瑞珍，张人杰. 中学百科全书·教育学·心理学卷［M］. 上海：华东师范大学出版社，1994.

［18］施洪昌. 在高中历史教学中培养学生批判性思维能力的实践与思考［J］. 历史教学问题，2021（3）：166-169，46.

［19］司马迁. 史记［M］. 北京：中华书局，2011.

［20］宋含. 高中历史教学导入方式探究［D］. 武汉：华中师范大学，2018：7.

［21］孙伟萍. 综合实践活动与高中历史教学有效融合的策略［J］. 基础教育课程，2018（20）：52-56.

［22］唐琴. 时代性价值：高中历史教学的应然取向和实践建构［J］. 上海教育科研，2021（2）：81-84.

［23］王书利. 高中历史教学中讨论式教学法的运用［D］. 西安：陕西师范大学，2019：7-39.

［24］文吉. 高中历史教学中的人文精神培养研究［J］. 吉首大学学报（社会科学版），2013（z1）：167-168.

［25］吴逸. 新课程下高中历史教学理念的转变［J］. 学周刊，2021（11）：141-142.

［26］徐雯婷. 主线式教学法在高中历史教学中的应用研究［D］. 杭州：杭州师范大学，2020：10.

［27］杨帆. 高中历史教学提问策略研究［D］. 开封：河南大学，2014：15.

［28］杨然. 高中历史网络教学资源建设［D］. 石家庄：河北师范大学，2008：29.

［29］朱汉国，郑林. 新编历史教学论［M］. 上海：华东师范大学出版社，2008.

［30］叶德季. 基于核心素养的高中历史教学策略探析［J］. 历史教学问题，2020（6）：151-155.

［31］余根. 高中历史教学引入心理史学范式的实践研究［D］. 重庆：西南大学，2020：20.

［32］袁满. 高中历史教学中德育渗透的路径［J］. 吉林教育，2022（01）：28.

［33］张旭梅. 高中历史教学中核心素养的培养［D］. 海口：海南师范大学，2017：5.